V

CHAMBRE DE COMMERCE DE SAINT-ÉTIENNE

BANC D'ÉPREUVES

EXPÉRIENCES

sur les épreuves des armes à feu portatives.

PROGRAMME, PROCÈS-VERBAUX ET RAPPORT

DE LA COMMISSION

Instituée par ordonnance ministérielle du 30 juin 1866.

SAINT-ÉTIENNE

IMPRIMERIE DE Vᶜ THÉOLIER AÎNÉ ET Cⁱᵉ

Rue Gérentet, 12.

1868

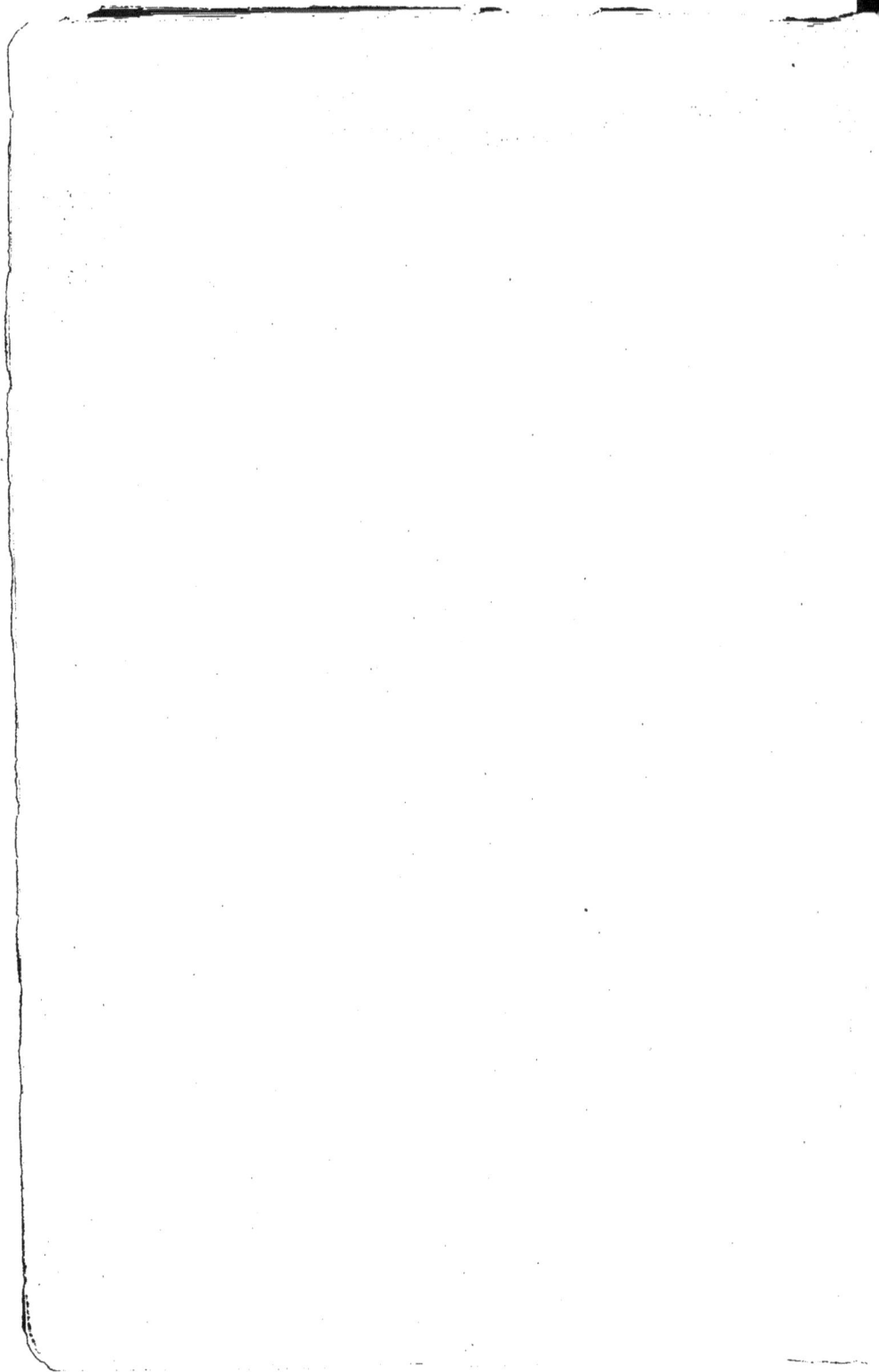

CHAMBRE DE COMMERCE DE SAINT-ÉTIENNE

BANC D'ÉPREUVES

Le 12 avril 1866, la Chambre de commerce de Saint-Etienne, après avoir consulté en séance, les fabricants d'armes et les maîtres canonniers, adressait à M. le Ministre du Commerce un Mémoire tendant à obtenir la révision du décret du 19 juin 1865 sur l'épreuve des armes à feu portatives. Cette demande était appuyée par une lettre des syndics de l'Épreuve.

En réponse au Mémoire de la Chambre de commerce, M. le Ministre réclamait la nomination du directeur des Epreuves, et nommait, aux dates du 30 juin et 5 octobre, une Commission chargée de faire de nouvelles expériences en se conformant au programme qui suit :

PROGRAMME des expériences à faire pour constater l'effet produit sur les canons par les charges d'épreuves prescrites par le décret du 19 juin 1865.

ARTICLE 1er. — Des expériences ayant pour but de vérifier si les charges prescrites par le décret du 19 juin 1865 sont trop fortes, auront lieu à Saint-Etienne.

Elles seront faites par les soins d'une Commission composée ainsi qu'il suit :

M. Troussel, directeur du banc d'épreuve, inspecteur du poinçonnage des armes de guerre, chevalier de la Légion d'honneur, président ;

Un membre de la Chambre de commerce désigné par la Chambre ;

M. Jalabert, directeur du Musée d'armes de Saint-Etienne ;

M. Flachat, fabricant d'armes ;

M. Gerest, fabricant d'armes, rapporteur.

Art. 2. — La Commission se conformera exactement au présent programme pour l'exécution des expériences.

Art. 3. — La Commission se procurera à Liége :

20 canons simples communs, forgés en lame, dits canons lisses, du prix le plus bas employé dans le commerce, destinés à faire des armes à un coup, du calibre de 16 mill. 5 avec une tolérance de 0 mill. 3 en dessus, de 0 mèt. 82 à 0 mèt. 85 de longueur, d'un poids qui ne s'écarte pas du poids moyen ordinaire ; ayant subi sans altération l'épreuve réglementaire, et portant le poinçon d'admission définitive du banc d'épreuve de Liége ;

20 canons, forgés en lame, dits canons lisses, destinés à faire des canons doubles communs du calibre de 17 mill. 4 avec une tolérance de 0 mill. 3 en dessus, mais non encore assemblés, et ayant subi sans altération l'épreuve qu'ils doivent supporter avant l'assemblage. Cette épreuve sera constatée par l'empreinte du poinçon ;

20 canons doubles communs, forgés en lame, dits canons lisses, du calibre de 17 mill. 4 avec une tolérance de 0 mill. 3 en dessus, de 0 mèt. 77 à 0 mèt. 79 de longueur, du poids de 1600 à 1700 grammes, ayant subi sans altération l'épreuve réglementaire belge, et portant l'empreinte du poinçon d'admission définitive du banc d'épreuve de Liége.

Tous les canons seront exactement dans l'état où ils étaient quand ils ont subi l'épreuve ;

25 kilog. de la poudre employée au banc d'épreuve de Liège.

La Commission prendra les mesures qu'elle jugera nécessaires pour être parfaitement assurée de recevoir la poudre dont on se sert au banc d'épreuve de Liège, et dans un état parfait de conservation.

Elle se procurera également au banc d'épreuve de Liège :

100 balles du diamètre réglementaire pour le calibre de 17 mill. 4 (qui doit être d'après le règlement du 16 juin 1853, en vigueur, de 16 mill. 8);

100 balles du diamètre réglementaire pour le calibre de 16 mill. 5 qui doit être de 15 mill. 9;

200 carrés de papier affectés au calibre de 17 mill. 4 — et 200 carrés de papier affectés au calibre de 16 mill. 5 pour la confection des bourres.

La Commission se procurera à Saint-Etienne un même nombre de canons des mêmes calibres, des mêmes longueurs, des mêmes poids, de même espèce et de qualité correspondante. — Ces canons devront avoir subi, sans altération, l'épreuve prescrite par le décret du 14 décembre 1810, et porter l'empreinte du poinçon de Saint-Etienne.

ART. 4. — Tous les canons recevront un numéro de série qui permette de les distinguer et de les suivre pendant toute la durée des essais.

ART. 5. — On tiendra un registre sur lequel on consignera exactement pour chaque canon, le poids, la longueur, le calibre, les épreuves qu'il aura subies, et les différentes remarques auxquelles l'examen du canon aura pu donner lieu, avant et pendant le cours des expériences.

ART. 6. — On éprouvera :

5 canons doubles et 5 canons simples de Liège, en se conformant aux prescriptions du décret du 14 décembre

1810, et en employant la poudre, les balles, les bourres et la baguette usitées au banc d'épreuve de Saint-Etienne ;

5 canons doubles et 5 canons simples de Saint-Etienne, en se conformant aux prescriptions du règlement du banc d'épreuve de Liège, du 16 juin 1853, et en employant la poudre, les balles, les bourres et la baguette usitées au banc d'épreuve de Liège.

ART. 7. — On éprouvera :

5 canons simples de Liège, destinés à des armes à un seul coup, en se conformant aux prescriptions du décret du 19 juin 1865 ;

5 canons simples de Saint-Etienne, de même espèce, avec l'épreuve belge, conformément aux prescriptions du règlement du 16 juin 1853.

ART. 8. — On éprouvera :

10 canons de Liège, destinés à faire des canons doubles, mais non encore préparés à être assemblés, en se conformant aux prescriptions du décret du 19 juin 1865 ;

10 canons de Saint-Etienne, de même espèce et dans le même état, avec l'épreuve belge prescrite par le règlement du 16 juin 1853.

Les canons qui auront résisté à l'épreuve seront ensuite assemblés pour faire des canons doubles et soumis à l'épreuve indiquée à l'article suivant.

La Commission tiendra bien exactement note du poids, de la longueur et du calibre des canons doubles ainsi établis, avant de les soumettre à la seconde épreuve.

ART. 9. — On éprouvera :

5 canons doubles de Liège, avec la deuxième charge d'épreuve indiquée au tableau C du décret du 19 juin 1865 ;

5 canons doubles de Saint-Etienne, avec la charge d'épreuve prescrite par le règlement du 16 juin 1853 pour les canons assemblés.

Art. 10. — Si les canons résistent convenablement aux épreuves prescrites par les articles 7, 8 et 9, la Commission recommencera ces épreuves sur une nouvelle série d'un même nombre de canons des mêmes espèces.

Si cette nouvelle série résiste, les expériences spéciales de la Commission seront considérées comme terminées.

Art. 11. — Dans le cas où les canons ne résisteraient pas convenablement aux épreuves prescrites par les articles 7, 8 et 9, la Commission fera les essais qui lui paraîtront nécessaires pour arriver à la détermination des charges d'épreuve convenables pour sauvegarder les intérêts du commerce et garantir la sûreté des consommateurs ; en maintenant toujours le principe de la double épreuve, qui est appliqué à Liège, à Londres et à Birmingham, et l'emploi du plomb n° 8 comme projectile.

Art. 12. — Dans tous les cas, la Commission fera connaître les charges d'épreuve qu'elle pensera convenir aux différents calibres qui sont spécifiés au tableau C du décret. Pour pouvoir justifier ses propositions par des résultats d'expériences, la Commission achètera dans le commerce de Saint-Étienne 3 canons doubles de chacun des calibres 12 mill. 8 — 14 mill. 1 — 15 mill. 1 — 16 mill. 1 — 18 mill. 2 — et 3 canons simples de chacun des calibres 20 mill. — et 24 mill. — Ces canons devront avoir subi sans altération l'épreuve prescrite par le décret du 14 décembre 1810. Ils seront ensuite éprouvés avec les charges proposées par la Commission, et poussés jusqu'à rupture en augmentant la charge de poudre de gramme en gramme, sans changer le poids de la charge de plomb. — Dans ces derniers essais, on se conformera toujours aux prescriptions du décret du 19 juin 1865. — Titre IV, section IV, article 22.

Art. 13. — Après avoir exécuté les prescriptions du programme, la Commission pourra se livrer aux essais qui lui paraîtront de nature à éclairer la question, et à lui permettre d'assurer sa conviction.

ART. 14. — Les essais terminés, la Commission adressera à S. E. le ministre de l'agriculture, du commerce et des travaux publics, un rapport où elle consignera tous les résultats obtenus et les conséquences qu'elle croira devoir en tirer, et elle formulera ses propositions. A ce rapport sera joint le registre des canons dont il est fait mention à l'article 5.

Paris, le 21 juin 1866.

Le Président de la Commission,

(Signé) général GUIOD.

La Chambre ayant demandé l'ajournement des expériences jusque dans le courant de septembre, M. le Ministre, par sa lettre du 4 juin, accepte l'ajournement.

Sur l'invitation de M. Troussel, son président, la Commission s'est réunie le 11 octobre 1866.

Procès-verbal de la séance du 11 octobre 1866.

Le 11 octobre 1866, la Commission instituée à Saint-Etienne par arrêté de M. le Ministre de l'Agriculture, du Commerce et des Travaux publics, pour procéder à de nouvelles expériences sur l'épreuve des armes, s'est réunie dans l'une des salles de la Chambre de commerce.

M. Troussel, président de la Commission, donne lecture de l'arrêté de M. le Ministre, qui nomme, pour composer cette Commission :

M. Troussel, en qualité de président.

Membres de la Commission :
- M. Palllual de Besset, président de la Chambre de commerce ;
- M. Flachat, fabricant d'armes ;
- M. Jalabert, directeur du Musée d'artillerie ;
- M. Gerest, membre de la Chambre de commerce, *rapporteur*.

Tous les membres étaient présents, à l'exception de M. Jalabert, qui s'est fait excuser pour cause de santé.

M. le Président de la Commission donne lecture du programme des expériences proposé à la Commission.

Il résulte de cette lecture que la Commission devra se préoccuper, d'abord, d'acheter en Belgique les canons et autres objets mentionnés au programme.

A cet effet, M. Gerest, rapporteur, est prié d'adresser une demande à M. le Consul de France à Liége, tendant à obtenir, par son intermédiaire, l'achat des objets sus-mentionnés et les renseignements nécessaires sur le système des épreuves en Belgique.

Troussel.
H. Palluat de Besset.
J. Flachat fils aîné.
A. Gerest.

Lettre du Président de la Commission à S. Exc. M. le Ministre de l'Agriculture, du Commerce et des Travaux publics.

Saint-Etienne, le 19 octobre 1866.

MONSIEUR LE MINISTRE,

La Commission instituée à Saint-Etienne par décision de Votre Excellence en date du 30 juin dernier, à l'effet de procéder à de nouvelles expériences sur les épreuves, s'est adressé à M. le Consul de France à Liége, afin d'obtenir l'achat, au banc d'épreuve de Liége, des canons, de la poudre et des projectiles nécessaires aux expériences désignées dans le programme.

Mais en présence de l'insuffisance probable du crédit alloué pour le coût des expériences, la Commission a pensé qu'il était nécessaire de recourir à votre haute intervention pour obtenir l'entrée en franchise des objets sus-mentionnés.

La Commission espère donc que Votre Excellence voudra bien accueillir favorablement sa demande et prendre les dispositions nécessaires pour que les marchandises adressées de Liége à la Commission de Saint-Etienne soient déchargées des droits d'entrée.

Le Président de la Commission,

(Signé) TROUSSEL.

———

Lettre de M. Chapey, consul de France à Liége, à M. A. Gerest, rapporteur de la Commission.

Liége, le 24 octobre 1866.

MONSIEUR,

J'ai l'honneur de vous adresser ci-joint le tableau des charges d'épreuves appliquées au banc d'épreuve des armes à feu à Liége, que vous m'avez exprimé le désir d'obtenir par votre lettre du 15 de ce mois, etc.

Le Consul de France,

(Signé) CHAPEY.

TABLEAU des charges d'épreuves appliquées au banc d'épreuve des armes à feu portatives à Liége.

Les armes de guerre reçoivent une charge de poudre égale au poids de la balle.
La 1re épreuve des armes de commerce comprend les 2/3 du poids de la balle.
La 2e épreuve des armes de commerce comprend les 2,3 de la 1re épreuve.

CALIBRES	POIDS DE LA BALLE	CHARGE du COMMERCE 1re épreuve.	CHARGE du COMMERCE 2me épreuve.
25,0	86	57	38
24,0	74	49	32 1/2
23,8	72	48	32
23,6	70	46	30 1/2
23,4	68	45	30
23,2	66	44	29
23,0	64	42	28
22,8	62	41	27
22,6	60	40	26
22,4	58	38	25 1/2
22,2	56	37	25
22,0	55	36	24 1/2
21,8	54	36	24
21,6	52	34	22 1/2
21,4	50	33	22
21,2	49	32	21 1/2
21,0	48	32	21
20,8	46	31	20 1/2
20,6	45	30	20
20,4	44	29	19
20,2	43	28	18 1/2
20,0	42	28	18
19,8	40	26	17 1/2
19,6	39	26	17
19,4	38	25	16 1/2
19,2	37	24	16
19,0	35	23	15 1/2
18,8	34	22	15
18,6	33	21	14 1/2
18,4	32	21	14
18,2	31	20	13 1/2
18,0	30	20	13
17,8	29	19	12 1/2
17,6	28	18	12
17,4	27	18	12
17,2	26	17	11 1/2
17,0	25	16	11
16,8	24	16	10 1/2
16,6	23	15	10
16,4	22	14	9 1/2
16,2	21	14	9 1/2
16,0	20	13	9
15,8	20	13	9
15,6	19	12	8 1/2
15,4	19	12	8
15,2	18	12	8
15,0	17	11	7 1/2
14,8	17	11	7 1/2
14,6	16	10	7
14,4	15	10	6 1/2
14,2	15	10	6 1/2
14,0	14	9	6

Procès-verbal de la séance du 31 octobre 1866.

Étaient présents : MM. Troussel, président ; Palluat de Besset, Flachat, Gerest et Jalabert.

Sur l'invitation de M. Troussel, président, M. Gerest, rapporteur, donne lecture du procès-verbal de la dernière réunion, qui est adopté, et des diverses correspondances échangées depuis la dernière réunion, dans le but d'obtenir les canons et les objets qui doivent être achetés à Liége et nécessaires aux expériences.

> TROUSSEL.
> H. PALLUAT DE BESSET.
> JALABERT aîné.
> A. GEREST.

Lettre de M. le Préfet de la Loire à M. Troussel, directeur du banc d'épreuve.

Saint-Etienne, le 27 novembre 1866.

MONSIEUR,

J'ai l'honneur de vous informer que M. le Ministre des Finances a donné des ordres au bureau de Jeumont pour l'admission en franchise de divers objets que vous faites venir de Liége et qui vous sont nécessaires pour procéder, au banc d'épreuve de Saint-Etienne, à de nouvelles expériences des armes à feu portatives.

Agréez, Monsieur, etc.

> Le *Préfet de la Loire,*
> (Signé) LEVERT.

Procès-verbal de la séance du 15 décembre 1866.

Étaient présents : MM. Troussel, président; Palluat de Besset, Jalabert, Gerest, rapporteur.

Il est donné lecture du précédent procès-verbal, qui est adopté. Il est également donné lecture des correspondances échangées ou des documents reçus depuis la dernière réunion.

M. le Président soumet aux membres de la Commission les canons et divers objets envoyés de Liége, par M. le Consul de France, et destinés aux expériences. Après examen, il est reconnu que ces canons ne remplissent pas exactement les conditions du programme, en ce sens qu'ils sont beaucoup mieux faits que les canons de qualité courante fabriqués en Belgique et qu'on trouve dans le commerce.

Les prix des canons doubles en particulier — 10 fr. pour ceux sans cylindres et 11 fr. 25 pour ceux cylindrés — dénotent suffisamment leur qualité supérieure. Les canons de qualité courante ne valant, à Saint-Etienne, que 8 fr. environ.

Toutefois, 6 de ces canons doubles, ayant été achetés chez un fabricant de Liége, se rapprochent davantage des conditions du programme sous le rapport de la fabrication, mais s'en écartent sous le rapport du poids, qui est excessif.

La Commission sera donc amenée à tenir compte, dans ses expériences, de la qualité particulière de ces canons, et prendra telles mesures qu'elle jugera nécessaires pour assurer d'une manière satisfaisante les résultats des expériences.

La Commission décide que, par mesure de précaution et dans le but d'obtenir des résultats comparatifs plus certains et dus à des essais sur des canons véritablement choisis dans ceux de qualité courante, il sera acheté, par les soins d'un intermédiaire, 6 fusils de qualité commune d'un prix moyen de 20 à 25 fr.

Il est à présumer que les canons de ces fusils n'ayant pu être préparés à l'avance d'une manière spéciale, seront dès lors bien conformes aux conditions du programme. M. le Rapporteur est chargé de faire les démarches nécessaires pour cet achat.

Après l'examen des canons belges, la Commission décide la commande immédiate des canons de Saint-Etienne, qui seront établis strictement dans les conditions du programme.

M. le Rapporteur est prié d'écrire à M. le Consul à Liége, pour lui accuser réception des canons belges, et lui faire connaître l'opinion de la Commission sur la qualité de ces canons et les conditions de l'épreuve à laquelle ils ont été soumis.

M. Palluat de Besset, président de la Chambre, membre de la Commission, donne communication d'une lettre de M. le Préfet, ayant pour objet d'insister sur la demande de M. le Ministre pour que la plus grande célérité soit apportée aux travaux de la Commission.

Il sera répondu à M. le Préfet, par les soins de la Chambre, que la Commission était jusqu'à ce jour dans l'impossibilité d'agir, à défaut de la réception des canons belges, mais qu'à partir de ce jour, elle va se livrer sans retard à l'accomplissement de sa mission.

Sur l'observation présentée par un des membres de la Commission, qu'il est à craindre que certaines vacances se produisent parmi ses membres, M. le Président propose d'écrire à M. le Ministre pour demander l'adjonction de deux membres suppléants.

La Commission décide qu'il convient de désigner MM. Murgues fils et Ronchard-Siauve.

La Commission décide, en outre, qu'il sera adressé un échantillon des diverses qualité de poudre à M. le Directeur des dépôts de poudres et salpêtres à Paris, à l'effet de les faire expérimenter au fusil-pendule, en vertu de l'autorisation accordée à la Chambre de commerce par le directeur des manufactures de l'Etat.

Le procès-verbal est lu et adopté.

TROUSSEL.
H. PALLUAT DE BESSET.
JALABERT aîné.
A. GEREST.

**Lettre de M. Troussel à M. le Ministre de l'Agriculture, du Commerce
et des Travaux publics.**

Saint-Etienne, le 16 décembre 1866.

Monsieur le Ministre,

La Commission instituée à Saint-Etienne par décision de
Votre Excellence, pour faire des expériences sur les épreuves, a reçu le 14 courant les canons belges destinés aux
expériences; elle s'est réunie le 15 et se trouve dès aujourd'hui en mesure de poursuivre avec activité l'accomplissement de sa mission.

Mais au moment de commencer ses travaux, la Commission a jugé nécessaire de solliciter de Votre Excellence
la nomination de deux membres suppléants.

M. Flachat, l'un des membres actuels, étant obligé de
faire un assez long voyage, ne pourra assister à nos expériences pendant toute leur durée; d'autres vacances peuvent se produire par des causes imprévues; il paraît donc
urgent de pourvoir au remplacement des membres qui
seraient fortuitement empêchés de prendre part à nos travaux.

En conséquence, j'ai l'honneur de vous proposer, au nom
de la Commission, de vouloir bien nommer deux membres
suppléants.

La Commission me prie, en outre, de vous désigner
comme pouvant remplir avec avantage cette mission :
MM. Mungues fils, syndic des épreuves, fabricant d'armes;
Et Ronchard-Siauve, maître canonnier.

Dans l'espoir que vous voudrez bien accueillir favorablement notre demande, je vous prie, Monsieur le Ministre, de
vouloir bien agréer l'assurance de mon profond respect.

*Le Président de la Commission des expériences
d'épreuves,*

(Signé) Troussel.

Procès-verbal de la séance du 20 décembre 1866.

Étaient présents : MM. Troussel, président de la Commission ; Palluat de Besset, Gerest, rapporteur.

Il est donné lecture du procès-verbal de la dernière séance qui est adopté, M. le Président annonce que la Commission étant désormais en mesure de procéder aux expériences, il y a lieu de prendre les dispositions nécessaires pour que les essais aient lieu immédiatement, suivant les prescriptions du programme.

M. le Président, après avoir pris l'avis de la Commission, fait inviter M. Ronchard-Siauve à visiter les canons, après chaque salve, avec M. Chaleyer, éprouveur juré.

La Commission décide également que MM. les syndics (1), ainsi que les canonniers (2), désignés précédemment par leurs confrères pour s'occuper de la question des épreuves, pourront assister aux opérations.

Au moment où les expériences allaient commencer, on annonce M. Levert, préfet du département, et M. de Rochefort, secrétaire général, qui ont bien voulu honorer de leur présence la réunion et assister aux premiers essais. Les expériences sont, en effet, continuées, et toutes les prescriptions de l'article 6 du programme exécutées en présence des honorables visiteurs.

TROUSSEL.
H. PALLUAT DE BESSET.
A. GEREST.

---

(1) MM. Dubeuf, — Badinand, — Murgues, — Chassaing, — Chapelle, Flachat, membre de la Commission.

(2) MM. Javelle-Magand fils, — Massardier-Poula, — Breuil-Glaize fils, — Ronchard-Siauve.

Essais sur la série A.

20 DÉCEMBRE 1866.

Série **A.**   20 Décembre 1866.   *Art. 6 du programme.*

TABLEAU DES DIMENSIONS DES CANONS SOUMIS A L'ÉPREUVE.

Canons doubles belges ayant subi l'épreuve règlementaire belge.

Nos DES CANONS.	CALIBRE.	LONGUEUR.	POIDS.	DIAMÈTRE EXTÉRIEUR			OBSERVATIONS.
				à la tranche DU TONNERRE.	à 25c de la tranche DU TONNERRE.	à la tranche DE LA BOUCHE.	
1	17m,2	78c	1k,600	26m	21m	20m	Ces canons sont d'une fabrication spéciale et soignée, et bien supérieurs aux canons pour armes communes que l'on trouve habituellement dans le commerce.
2	17,3	78	1,590	25,4	21,3	20	
3	17,4	78	1,640	26,5	21,5	19,5	
4	17,4	78	1,665	26	21,5	20	
5	17,4	78	1,602	26	21,3	20	

CANONS BELGES DOUBLES.

Résultat des épreuves.

Nos DES CANONS.		CHARGES SUIVANT LE DÉCRET DE 1810. POUDRE D'ANGOULÈME, PROCÉDÉ DES PILONS.
1	Gauche. Droit.	5 gonflements rapprochés jusqu'à 23c; commencement de déchirure (crique). Léger gonflement à 7 c.
2	Gauche. Droit.	1 paille à 48 c. du tonnerre. Fort gonflement à 7c du tonnerre, léger gonflement à 11c du tonnerre, léger gonflement à [20c de la bouche.
3	Gauche. Droit.	Forte paille à 30 c. de la tranche du tonnerre. Néant.
4	Gauche. Droit.	1 paille à 4 c. de la bouche. 1 paille à 7 c. du tonnerre.
5	Gauche. Droit.	Crevé sur une longueur de 7 c. Néant.

Série **A.**   20 Décembre 1866.   *Art. 6 du programme.*

TABLEAU DES DIMENSIONS DES CANONS SOUMIS A L'ÉPREUVE.

Canons simples belges ayant subi l'épreuve règlementaire belge.

Nos DES CANONS.	CALIBRE.	LONGUEUR.	POIDS.	DIAMÈTRE EXTÉRIEUR			OBSERVATIONS.
				à la tranche DU TONNERRE.	à 25° de la tranche DU TONNERRE.	à la tranche DU TONNERRE.	
1	16^m	845^m	1^{k}100	27^m	22^m	19^{m}5	Mêmes observations que pour les canons doubles.
2	16,2	845	1,025	27,5	21,5	19,5	
3	16	840	0,995	27,3	21,5	19,3	
4	16	845	0,880	27,6	22	19,4	
5	16,2	840	1,035	26,2	20,8	19,5	

Série **A**.　　　　20 Décembre 1866.　　　　*Art. 6 du programme.*

CANONS SIMPLES BELGES.

Résultat des épreuves.

N⁰ˢ DES CANONS.	CHARGES SUIVANT LE DÉCRET DE 1810. POUDRE D'ANGOULÊME, PROCÉDÉ DES PILONS.
1	Léger gonflement à 15 c. du tonnerre, criqué à 20 c. du tonnerre.
2	Néant.
3	Léger gonflement à 10ᶜ de la tranche, paille à 42ᶜ du tonnerre, léger gonflement et paille à 13ᶜ de [la bouche.
4	Néant.
5	Rompu à 25 c. du tonnerre.

Série **A.**   Art. 6 du programme.

20 Décembre 1866.

TABLEAU DES DIMENSIONS DES CANONS SOUMIS A L'ÉPREUVE.

Canons doubles de St-Etienne ayant subi l'épreuve prescrite par le décret de 1810.

Nos DES CANONS.	CALIBRE.	LONGUEUR.	POIDS.	DIAMÈTRE EXTÉRIEUR			OBSERVATIONS.
				à la tranche DU TONNERRE.	à 25° de la tranche DU TONNERRE.	à la tranche DE LA BOUCHE.	
1	17^{m}2	78^c	1^{k}530	26^m	21^m	19^m,7	Ces canons ont été pris au hasard dans la fabrication courante et sans autre choix que celui de la longueur, du calibre et du poids.
2	17,3	78	1,530	27	21,3	19,6	
3	17,3	78,8	1,609	27	21,3	20	
4	17,4	78	1,580	26,7	21,2	20	
5	17,2½	78	1,590	26,5	21	19,6	

Série **A**.   *Art. 6 du programme.*

20 Décembre 1866.

CANONS DOUBLES DE SAINT-ÉTIENNE.

Résultat des épreuves.

N°ˢ DES CANONS.		CHARGES SUIVANT LES PRESCRIPTIONS DU RÈGLEMENT BELGE DU 16 JUIN 1853.
1	Droit.	Néant.
	Gauche.	»
2	Droit.	»
	Gauche.	»
3	Droit.	»
	Gauche.	»
4	Droit.	»
	Gauche.	»
5	Droit.	»
	Gauche.	»

Série **A.** 20 Décembre 1866. *Art. 6 du programme.*

TABLEAU DES DIMENSIONS DES CANONS SOUMIS A L'ÉPREUVE.

Canons simples de St-Etienne ayant subi l'épreuve prescrite par le décret de 1810.

N.os DES CANONS.	CALIBRE.	LONGUEUR.	POIDS.	DIAMÈTRE EXTÉRIEUR			OBSERVATIONS.
				à la tranche DU TONNERRE.	à 25.c de la tranche DU TONNERRE.	à la tranche DE LA BOUCHE.	
1	16^m	84^c	0^{k}988	28^{m}5	21^{m}5	19^m	Mêmes observations que pour les canons doubles.
2	16	84	1,045	27,5	22	19,5	
3	16	84,5	1,010	27,8	22	20,2	
4	16	84	0,940	27	21	19	
5	16	84,5	1,105	27	22	19,5	

Série A. 20 Décembre 1866. *Art. 6 du programme.*

CANONS SIMPLES DE SAINT-ÉTIENNE.

Résultat des épreuves.

Nos DES CANONS.	CHARGES SUIVANT LES PRESCRIPTIONS DU RÈGLEMENT BELGE DU 16 JUIN 1853.
1	Néant.
2	»
3	»
4	»
5	»

OBSERVATIONS. — La visite des canons est confiée, pour toute la durée des expériences, à MM. Chaleyer, éprouveur juré, et Ronchard-Siauve, maître canonier. — Les canons sont d'abord visités par M. Chaleyer en l'absence de M. Ronchard-Siauve, et ensuite par M. Ronchard-Siauve en l'absence de M. Chaleyer. — Les observations consignées dans les procès-verbaux d'expérience sont le résultat d'une appréciation conforme des deux visiteurs.

Vu et approuvé par les membres de la Commission présents aux essais :

Le président,   A. GEREST,

TROUSSEL.   *rapporteur.*

H. PALLUAT DE BESSET.

Les visiteurs,
E. CHALEYER,
RONCHARD-SIAUVE.

Procès-verbal de la séance du 29 décembre 1866.

Etaient présents : MM. Troussel, président, et Gerest, rapporteur.

Il est procédé aux épreuves de la série B conformément aux prescriptions de l'article 7 du programme.

Les canons simples belges de la série B ont nécessité deux épreuves à des charges différentes.

En effet, les charges prescrites par le décret de 1810 pour le calibre de 16 mil. sont les mêmes que celles affectées au calibre 16 mil. 1. Dans le tableau des charges annexé au décret du 19 juin 1865, au contraire, les charges attribuées au calibre 16 mil. sont inférieures à celles affectées au calibre 16,1. Les résultats des effets des charges du décret de 1810, et des effets de celles du décret de 1865, n'étaient donc pas exactement comparatifs. Pour atteindre ce but, il devenait nécessaire d'éprouver les canons belges une deuxième fois avec les charges prescrites par le décret de 1865 pour le calibre de 16,1.

Le procès-verbal est lu et adopté.

TROUSSEL.

A. GEREST.

Essais sur la série B.

29 DÉCEMBRE 1866.

Série **B**.   *Art. 7 du programme.*

29 Décembre 1866.

TABLEAU DES DIMENSIONS DES CANONS SOUMIS A L'ÉPREUVE.

Canons simples belges ayant subi l'épreuve règlementaire belge.

Nos DES CANONS.	CALIBRE.	LONGUEUR.	POIDS.	DIAMÈTRE EXTÉRIEUR			OBSERVATIONS.
				à la tranche DU TONNERRE.	à 25e de la tranche DU TONNERRE.	à la tranche DE LA BOUCHE.	
1	16,2	0,840	k. 1,060	25,7	21,9	19,6	Ces canons, comme ceux de la série A, ont paru d'une fabrication plus soignée que ceux qu'on trouve habituellement dans le commerce.
2	16	0,840	0,972	25,6	21,4	19,4	
3	16	0,840	0,965	25,5	21,8	19,5	
4	16	0,840	1,002	25,8	21,5	19,4	
5	16	0,840	1,068	26,5	21,5	19,7	

CANONS SIMPLES BELGES.

Résultat des épreuves.

29

Nᵒˢ DES CANONS.	CHARGES SUIVANT LE DÉCRET DU 19 JUIN 1865. POUDRE DE VOUGES PROCÉDÉ DES MEULES, TROIS HEURES DE TRITURATION.
1	Néant.
2	»
3	Une paille à 22 c.
4	Néant.
5	»

Série B.

29 Décembre 1866.   Art. 7 du programme.

CANONS SIMPLES BELGES.

Résultat des épreuves.

CHARGES POUR LE CALIBRE (16^{mm}1) SUIVANT LE DÉCRET DU 19 JUIN 1865.

POUDRE DE VOUGES, PROCÉDÉ DES MEULES, TROIS HEURES DE TRITURATION.

Nᵒˢ DES CANONS.	
1	Léger gonflement à 5 c.
2	Forte paille à 16 c. du tonnerre, paille à 40 c., 2 paille à 15 c. de la bouche.
3	Paille déjà signalée, gonflement à 5 c. du tonnerre.
4	Néant.
5	»

Série **B.**

29 Décembre 1866.

Art. 7 *du programme.*

Canons simples de St-Étienne ayant subi l'épreuve prescrite par le décret de 1810.

TABLEAU DES DIMENSIONS DES CANONS SOUMIS A L'ÉPREUVE.

N⁰ˢ DES CANONS.	CALIBRE.	LONGUEUR.	POIDS.	DIAMÈTRE EXTÉRIEUR			OBSERVATIONS.
				à la tranche DU TONNERRE.	à 25ᶜ de la tranche DU TONNERRE.	à la tranche DE LA BOUCHE.	
1	16ᵐ	850ᵐ	1ᵏ050	26,7	22	19	Ces canons ont été pris au hasard dans la fabrication courante, et sans autre choix que celui de la longueur, du poids et du calibre.
2	16	840	1,010	25,5	21,6	19,5	
3	16	850	1,030	25,9	21,7	19,5	
4	16	850	1,035	25,5	21,9	19,7	
5	16	850	1,010	25,2	22	19,5	

Série B.

29 Décembre 1866. *Art. 7 du programme.*

CANONS SIMPLES DE SAINT-ÉTIENNE.

Résultat des épreuves.

Nᵒˢ DES CANONS.	CHARGES SUIVANT LES PRESCRIPTIONS DU RÈGLEMENT BELGE DU 19 JUIN 1853.
1	Néant.
2	»
3	»
4	»
5	Une petite paille à 14 c. de la bouche.

Les visiteurs,

E. CHALEYER,
RONCHARD-SIAUVE.

Vu et approuvé par les membres de la Commission présents aux essais :

TROUSSEL.
H. PALLUAT DE BESSET.
A. GEREST.

Procès-verbal de la séance du 3 janvier 1867.

Étaient présents : MM. Troussel, président ; Palluat de Besset, Gerest, rapporteur.

Il est procédé à l'exécution des prescriptions de l'article 8 du programme.

L'épreuve ayant fait éclater l'un des tubes belges destinés à faire des canons doubles, il en est choisi un nouveau. Les épreuves étant faites, la Commission décide que les canons qui ont subi des avaries seront mis en état et confiés à M. Hivert, canonnier, pour être assemblés.

M. Chaleyer, éprouveur juré, est spécialement chargé de veiller à la bonne exécution du travail et à ce que les canons belges et stéphanois ne soient pas mêlés lors de leur assemblage.

Le procès-verbal est lu et adopté.

TROUSSEL.
H. PALLUAT DE BESSET.
A. GEREST.

Essais sur la série C.

3 JANVIER 1867.

Série C. 3 Janvier 1867. *Art. 8 du programme.*

TABLEAU DES DIMENSIONS DES CANONS SOUMIS A L'ÉPREUVE.

Canons simples belges destinés à faire des canons doubles ayant subi l'épreuve réglementaire belge.

Nos DES CANONS	CALIBRE.	LONGUEUR.	POIDS.	DIAMÈTRE EXTÉRIEUR			OBSERVATIONS.
				à la tranche DU TONNERRE.	à 25e de la tranche DU TONNERRE.	à la tranche DE LA BOUCHE.	
1	17	0m820	0k810	26m9	21m3	20m0	Ces canons sont bien disposés pour être assemblés, la matière bien répartie, leur fabrication est supérieure à ce lü des canons de qualité commune.
2	17	815	850	27,0	21,5	20,2	
3	17	820	880	27,3	21,5	19,8	
4	17	830	868	27,0	21,8	20,2	
5	17	825	878	26,6	21,7	20,4	
6	17	820	845	27,0	22,0	20,0	
7	17,2	810	810	27,2	21,6	20,0	
8	17,2	795	820	27,0	21,7	20,0	
9	17	810	810	27,5	21,5	19,9	
10	17	810	785	27,3	21,4	19,5	
11	17	820	845	27,4	21,6	20,3	

Série C.   3 Janvier 1867.   Art. 8 du programme.

CANONS SIMPLES BELGES DESTINÉS A FAIRE DES CANONS DOUBLES.

Résultat des épreuves.

N°s DES CANONS.	CHARGES SUIVANT LE DÉCRET DU 19 JUIN 1865. POUDRE DE VONGES PROCÉDÉ DES MEULES, TROIS HEURES DE TRITURATION.
1	Néant.
2	"
3	Un gonflement à 7 c. de la tranche.
4	Crevé sur une longueur de 12 c. du tonnerre.
5	Gonflement à 7 c. de la tranche, une paille à 15 c.
6	Un gonflement à 12 c. de la tranche.
7	Léger gonflement à 7 c. de la tranche.
8	Léger gonflement à 5 c. de la tranche.
9	Léger gonflement à 4 c. de la tranche.
10	Une paille à 25 c. de la tranche.
11	Néant. Pour remplacer celui qui a éclaté.

Série C.   3 Janvier 1867.   Art. 8 du programme.

TABLEAU DES DIMENSIONS DES CANONS SOUMIS A L'ÉPREUVE.

Canons simples de St-Etienne destinés à faire des canons doubles ayant subi l'épreuve prescrite par le décret de 1810.

Nos DES CANONS.	CALIBRE.	LONGUEUR.	POIDS.	DIAMÈTRE EXTÉRIEUR			OBSERVATIONS.
				à la tranche DU TONNERRE.	à 25° de la tranche DU TONNERRE.	à la tranche DE LA BOUCHE.	
1	17	0m820	0k860	27m2	21m6	20m5	Ces canons ont été mis en l'état où on les amène habituellement pour les canons de fabrication courante.
2	17,4	825	820	27,2	21,9	20,8	
3	17,2	820	882	27,3	22,0	20,5	
4	17	840	872	26,5	21,6	20,2	
5	17	795	874	26,9	22,0	20,8	
6	17,2	820	880	27,0	22,0	20,5	
7	17,2	810	835	27,0	21,9	20,2	
8	17	820	850	26,5	21,7	20,6	
9	17	810	830	26,6	21,5	20,5	
10	17	820	840	26,9	21,5	20,0	

Série C.   3 Janvier 1867.   *Art. 8 du programme.*

CANONS SIMPLES DE SAINT-ÉTIENNE DESTINÉS A FAIRE DES CANONS DOUBLES.

Résultat des épreuves.

N°s DES CANONS.	CHARGES SUIVANT LES PRESCRIPTIONS DU RÈGLEMENT BELGE DU 19 JUIN 1853.
1	Néant.
2	»
3	»
4	»
5	»
6	»
7	Un gonflement à 14° de la tranche du tonnerre.
8	Néant.
9	»
10	Légère paille à 24° du tonnerre.

Vu et approuvé par les membres de la Commission présents aux essais :

TROUSSEL.
H. PALLUAT DE BESSET.
A. GEREST.

Les visiteurs,
E. CHALEYER,
RONCHARD-SIAUVE.

Procès-verbal de la séance du 9 janvier 1867.

Etaient présents : MM. Troussel, président ; Palluat de Besset, Jalabert et Gerest, rapporteur.

Les canons assemblés par les soins de M. Hivert, canonnier, et sous la surveillance de M. Chaleyer, éprouveur juré, sont présentés à la Commission. Il est constaté que le travail d'assemblage et d'achevage a été exécuté avec les soins et dans les conditions ordinaires.

Les canons avant l'assemblage étaient du calibre moyen de 17 mill. Afin de se conformer aux prescriptions du programme et par suite du travail d'alésage, ces canons ont dû être amenés au calibre de 17,4.

Ces canons, comme les précédents, ont reçu les numéros d'ordre et la lettre de série D, puis soumis aux épreuves prescrites par l'article 9.

La Commission considère que la première partie de son programme est remplie maintenant. En effet, ce programme est, pour ainsi dire, divisé en deux parties :

La première, qui comprend les articles de 1 à 9, paraît avoir pour but de comparer les effets des épreuves belges et des épreuves françaises. (Décrets de 1810 et de 1865.)

La deuxième, qui comprend les articles de 10 à 14, indique, comme but du travail de la Commission, la recherche et la fixation des charges qu'il convient d'appliquer aux différents calibres des armes à feu portatives.

Il est dit, en effet, à l'article 10, que si les canons résistent convenablement aux épreuves prescrites par les articles 7, 8 et 9, il sera procédé à de nouveaux essais sur de nouvelles séries de même nombre et des mêmes espèces de canons, et, qu'en cas de résultats satisfaisants, la Commission considérera sa mission comme terminée.

Mais les canons n'ayant pas résisté convenablement aux épreuves, ainsi que cela est démontré par les procès-verbaux d'expériences, la Commission décide qu'il y a lieu de procéder immédiatement à l'exécution des prescriptions contenues dans les articles 11, 12 et suivants.

En conséquence, la Commission décide qu'il y a lieu de rechercher les bases à établir pour la fixation des différentes charges d'épreuve. Elle accepte, dans ce but, un projet de tableau des charges d'épreuve présenté par M. Gerest, son rapporteur.

Contrairement à ce qui est dit à l'article 11, la Commission pense qu'il n'y a pas lieu de maintenir le principe de la double épreuve, se réservant, toutefois, de développer son opinion ultérieurement, lors de l'envoi du rapport qui sera adressé à M. le Ministre.

La Commission ordonne, en outre, l'achat immédiat, par les soins de M. Chaleyer, éprouveur juré, des canons spécifiés à l'article 12, et qui serviront à justifier les charges proposées par M. Gerest, rapporteur, ou à en établir de nouvelles si celles-ci ne paraissent pas convenables.

La Commission pense que, dans tous les cas, il convient d'adresser, dès aujourd'hui, à M. le Ministre, un rapport succinct des résultats obtenus dans les précédentes expériences; elle charge M. Gerest, son rapporteur, de préparer cette correspondance et de l'adresser à Son Excellence dans le plus bref délai.

Le procès-verbal est lu et adopté.

TROUSSEL.
H. PALLUAT DE BESSET.
A. GEREST.
JALABERT.

Série **D.** 9 Janvier 1867. *Art. 9 du programme.*

TABLEAU DES DIMENSIONS DES CANONS SOUMIS A L'ÉPREUVE.

Canons doubles belges ayant subi avant l'assemblage l'épreuve provisoire belge et la 1re épreuve prescrite par le décret impérial du 19 juin 1865.

Nos DES CANONS.	CALIBRE.	LONGUEUR.	POIDS.	DIAMÈTRE EXTÉRIEUR			OBSERVATIONS.
				à la tranche DU TONNERRE.	à 25e de la tranche DU TONNERRE.	à la tranche DE LA BOUCHE.	
1	17m,4	0m815	1k,602	26m5	21m0	19m7	Néant.
2	17,4	810	1,605	26,5	21,0	20,0	
3	17,4	810	1,570	26,5	21,1	20,0	
4	17,4	820	1,652	26,5	21,4	20,0	
5	17,4	790	1,540	26,7	21,2	19,6	

Série **D**. Art., 9 du programme.

9 Janvier 1867.

CANONS DOUBLES BELGES ÉPROUVÉS AVANT L'ASSEMBLAGE.

Résultat des épreuves.

Nos DES CANONS.		CHARGES SUIVANT LE DÉCRET DU 19 JUIN 1865. POUDRE DE VONGES, PROCÉDÉ DES MEULES, TROIS HEURES DE TRITURATION.
1	*Gauche.*	Néant.
	Droit.	Crevé sur une longueur de 11 c. à partir du tonnerre.
2	*Gauche.*	Léger évent à 26 c. de la tranche de la bouche.
	Droit.	Néant.
3	*Gauche.*	Event à 7 c.
	Droit.	Léger gonflement à 3 c.
4	*Gauche.*	Fort évent à 7 c.
	Droit.	Néant.
5	*Gauche.*	"
	Droit.	"

Série **D.**

9 Janvier 1867.

Art. 9 du programme.

TABLEAU DES DIMENSIONS DES CANONS SOUMIS A L'ÉPREUVE.

Canons doubles de St-Etienne ayant subi avant l'assemblage l'épreuve prescrite par le décret de 1810 et la 1re épreuve prescrite par le règlement belge du 6 juin 1853.

Nos DES CANONS.	CALIBRE.	LONGUEUR.	POIDS.	DIAMÈTRE EXTÉRIEUR			OBSERVATIONS.
				à la tranche DU TONNERRE.	à 25e de la tranche DU TONNERRE.	à la tranche DE LA BOUCHE.	
1	17,4	810	1ᵏ710	26ᵐ5	21ᵐ3	20ᵐ5	Néant.
2	17,4	810	1,693	26,5	21,2	20,2	
3	17,5	810	1,660	26,5	21,3	20,7	
4	17,4	810	1,665	26,7	21,7	20,0	
5	17,4	795	1,710	26,7	21,2	20,2	

Série **D.** 9 Janvier 1867. *Art. 9 du programme.*

Canons doubles de St-Etienne ayant subi avant l'assemblage l'épreuve prescrite par le décret de 1810 et l'épreuve provisoire prescrite par le règlement belge du 16 juin 1853.

Résultat des épreuves.

N⁰ˢ DES CANONS.		CHARGES SUIVANT LES PRESCRIPTIONS DU RÈGLEMENT BELGE DU 16 JUIN 1853.
1	*Droit.*	Néant.
	Gauche.	Event à 42ᶜ.
2	*Droit.*	Néant.
	Gauche.	»
3	*Droit.*	»
	Gauche.	»
4	*Droit.*	»
	Gauche.	»
5	*Droit.*	»
	Gauche.	»

Les visiteurs,

E. CHALEYER,
RONCHARD-SIAUVE.

Vu et approuvé par les membres de la Commission présents aux essais :

TROUSSEL.
A. GEREST.
H. PALLUAT DE BESSET.
JALABERT aîné.

TABLEAU de la proportion des rebuts sur chacune des séries A B C D, par nature de défauts.

CANONS DE SAINT-ÉTIENNE.

ÉPREUVE PRESCRITE PAR LE RÈGLEMENT BELGE DU 16 JUIN 1853.

	Gonflements.	Rupture.	Events.	Pailles.
Série A. — 15 tubes.	»	»	»	»
Série B. — 5 tubes.	»	»	»	1
Série C. — 10 tubes.	1	»	»	1
Série D. — 10 tubes.	»	»	1	»
Total.	1	»	1	2

CANONS BELGES.

ÉPREUVE PRESCRITE PAR LE DÉCRET DE 1810.

	Gonflements.	Rupture.	Events.	Pailles.
Série A. — 15 tubes.	5	2	»	4

ÉPREUVE PRESCRITE PAR LE DÉCRET DU 19 JUIN 1865.

Série B. — 5 tubes :	Gonflements.	Rupture.	Events.	Pailles.
Pr le calibre 16m.	»	»	»	1
Pr le calibre 16m1.	2	»	»	1
Série C. — 10 tubes.	6	1	»	1
Série D. — 10 tubes.	1	1	3	»
Total.	9	2	3	3

NOTA. — Les tubes qui ont eu des défauts de diverses natures ou plusieurs de même nature ne figurent que pour l'un de ces défauts. Ainsi ceux qui sont portés pour *évents* ou *pailles* n'avaient que ces seuls défauts, mais parmi ceux qui sont portés pour *gonflements* ou *rupture*, plusieurs avaient en outre des criques ou des pailles, défauts dont il n'a pas été tenu compte.

TABLEAU de la proportion p. % par nature
de défauts sur les séries A B C D.

CANONS DE SAINT-ÉTIENNE.

ÉPREUVE PRESCRITE PAR LE RÈGLEMENT BELGE
DU 16 JUIN 1853.

Rebuts définitifs :
1 Évent sur 40 tubes. p. % 2,5

Rebuts réparables :

1 Gonflement sur 40 tubes.	p. %	2,5	} 7,5
2 pailles	»	» 5	

CANONS DE LIÉGE.

ÉPREUVE PRESCRITE PAR LE DÉCRET DE 1810.

Rebuts définitifs :
2 Ruptures sur 15 tubes. p. % 13,3

Rebuts réparables :

5 Gonflements sur 15 tubes,	»	33,3	} 59,9
4 Pailles	»	» 26,6	

ÉPREUVE PRESCRITE PAR LE DÉCRET DU 19 JUIN 1865.

Rebuts définitifs :

2 Ruptures sur 25 tubes.	p. %	8	} 20
3 Évents	»	» 12	

Rebuts réparables :

9 Gonflements sur 25 tubes.	»	36	} 48
3 Pailles	»	» 12	

Lettre du Président de la Commission à Son Excellence M. le Ministre de l'Agriculture, du Commerce et des Travaux publics.

Saint-Etienne, le 10 janvier 1867.

MONSIEUR LE MINISTRE,

La Commission instituée à Saint-Etienne, pour faire des expériences sur les épreuves des armes à feu portatives, a l'honneur d'informer Votre Excellence qu'elle a satisfait aujourd'hui aux conditions qui lui étaient imposées par la première partie de son programme.

En effet, les expériences indiquées dans les articles de 1 à 9 du programme avaient pour but d'établir les effets comparatifs des épreuves belges et des épreuves françaises. (Décrets de 1810 et de 1865).

Les articles 10 et suivants chargeaient la Commission du soin de rechercher et de fixer les charges convenables à appliquer à l'épreuve des armes à feu portatives, dans le cas où les épreuves prescrites dans la première partie du programme n'auraient pas donné de résultats satisfaisants.

Les canons n'ayant pas supporté convenablement les épreuves sus-mentionnées, la Commission se trouve dans l'obligation de passer à l'application des articles 10 et suivants ; mais elle a considéré comme un devoir de faire connaître, dès aujourd'hui, à Votre Excellence, les résultats obtenus par les premiers essais.

En soumettant ces résultats à Votre Excellence, la Commission croit prudent de ne pas en tirer immédiatement les conséquences que les chiffres semblent indiquer. Les expériences ultérieures, auxquelles il va être procédé, pourront amener des modifications imprévues à son jugement.

La Commission se propose, du reste, conformément aux prescriptions de son programme, d'adresser à Votre Excellence, dès que les opérations seront terminées, un rapport détaillé sur tous les incidents et sur les appréciations diverses auxquelles aura donné lieu l'étude de cette question.

J'ai l'honneur,

Le Président de la Commission,
(Signé) TROUSSEL.

RÉSULTAT DES ÉPREUVES

prescrites par les art. 6, 7, 8, 9 du programme.

Série A. — Art. 7.

Canons doubles belges ayant subi l'épreuve règlementaire belge et soumis à l'épreuve prescrite par le décret du 14 décembre 1810 :

Nombre de tubes éprouvés.	Tubes éclatés.	Nombre de rebuts.	Rebuts pour %.
10	1	8	80

Canons simples belges ayant subi l'épreuve règlementaire belge et soumis à l'épreuve prescrite par le décret du 14 décembre 1810 :

Nombre de tubes éprouvés.	Tubes éclatés.	Nombre de rebuts.	Rebuts pour %.
5	1	3	60

Canons doubles de Saint-Etienne ayant subi l'épreuve prescrite par le décret du 14 décembre 1810 et soumis à l'épreuve prescrite par le règlement belge du 16 juin 1853 :

Nombre de tubes éprouvés.	Tubes éclatés.	Nombre de rebuts.	Rebuts pour %.
10	NÉANT.	NÉANT.	NÉANT.

Canons simples de Saint-Etienne ayant subi l'épreuve prescrite par le décret du 14 décembre 1810 et soumis à l'épreuve prescrite par le règlement belge du 16 juin 1853 :

Nombre de tubes éprouvés.	Tubes éclatés.	Nombre de rebuts.	Rebuts pour %.
5	NÉANT.	NÉANT.	NÉANT.

Observations. — Les canons belges sont d'une bonne fabrication et bien mieux établis que ceux que l'on trouve habituellement dans le commerce.

Les canons de Saint-Etienne ont été pris au hasard dans la fabrication courante et sans autre choix que celui du poids, du calibre et de la longueur.

Série B. — *Art.* 7.

1re épreuve. — Charges pour calibre 16m.

Canons simples belges ayant subi l'épreuve règlementaire belge et soumis à l'épreuve prescrite par le décret impérial du 19 juin 1865 :

Nombre de tubes éprouvés.	Nombre de rebuts.	Rebuts pour °/₀.
5	1	20

2me épreuve. — Charges pour calibre 16a1.

Nombre de tubes éprouvés.	Nombre de rebuts.	Rebuts pour °/₀.
5	3	60

Canons simples de Saint-Etienne ayant subi l'épreuve prescrite par le décret du 14 décembre 1810 et soumis à l'épreuve prescrite par le règlement belge du 19 juin 1853 :

Nombre de tubes éprouvés.	Nombre de rebuts.	Rebuts pour °/₀.
5	1	20

Observations. — Les canons belges de la série B ont nécessité deux épreuves successives. En effet, il importait d'obtenir des résultats qui pussent être comparés à ceux obtenus sur les canons simples belges de la série A soumis à l'épreuve prescrite par le décret de 1810. Or, les charges prescrites par le décret de 1810 pour le calibre de 16m sont **les mêmes que celles prescrites pour le calibre de 16m1.**

En conséquence, les canons de la série A, quoique du calibre de 16ᵐ, ayant été éprouvés comme s'ils avaient en 16ᵐ,1, il était nécessaire d'éprouver une première fois les canons de la série B, suivant leur calibre réel, 16ᵐ, et une deuxième fois comme s'ils avaient en le calibre 16ᵐ1.

(Mêmes observations sur la qualité des canons que pour la série A.)

Série C. — Art. 8.

Canons simples belges destinés à faire des canons doubles, ayant subi la première épreuve belge et soumis à la première épreuve prescrite par le décret impérial du 19 juin 1865 :

Nombre de tubes éprouvés.	Tubes éclatés.	Nombre de rebuts.	Rebuts pour %.
10	1	8	80

Canons simples de Saint-Etienne destinés à faire des canons doubles, ayant subi l'épreuve prescrite par le décret du 14 décembre 1840 et soumis à la première épreuve prescrite par le règlement belge du 16 juin 1853 :

Nombre de tubes éprouvés.	Tubes éclatés.	Nombre de rebuts.	Rebuts pour %.
10	NÉANT.	2	20

Observations. — Ces canons étant destinés à être assemblés pour faire des canons doubles, il a fallu faire réparer les avaries qu'ils avaient subies. Ces réparations ont été faites avec un tel soin qu'aucun des défauts qui avaient été signalés n'a reparu après l'assemblage.

Les rebuts de la série D sont dus à d'autres causes que celles qui avaient amené les rebuts de la série C. L'un des tubes belges ayant éclaté a été remplacé par un nouveau tube soumis également à l'épreuve et ayant résisté.

(Mêmes observations sur la qualité des canons que pour les séries A B).

4

Série D. — Art. 9.

Canons doubles belges ayant subi la première épreuve règlementaire belge et la première épreuve prescrite par le décret impérial du 19 juin 1865, assemblés à Saint-Etienne et soumis à la deuxième épreuve prescrite par le décret impérial du 19 juin 1865 :

Nombre de tubes éprouvés.	Tubes éclatés.	Nombre de rebuts.	Rebuts pour %.
10	1	5	50

Canons doubles de Saint-Etienne ayant subi l'épreuve prescrite pour les canons simples par le décret du 14 décembre 1810 et la première épreuve règlementaire belge, assemblés et soumis à la deuxième épreuve prescrite par le règlement belge du 16 juin 1853 :

Nombre de tubes éprouvés.	Tubes éclatés.	Nombre de rebuts.	Rebuts pour %.
10	NÉANT.	1	10

Observations. — La Commission avait pensé que le décret impérial du 19 juin 1865, section III, art. 21, ayant établi que la première épreuve sur canons non encore assemblés était facultative, cette première épreuve ne serait pas constamment appliquée; elle aurait pu dès lors rechercher les effets de la charge prescrite dans ce cas pour les canons assemblés, cette dernière charge étant supérieure à la première de 1 gramme 8 aurait probablement amené un chiffre de rebuts supérieurs à 50 p. %, mais les résultats de la série D paraissant assez significatifs, la Commission a résolu de s'en tenir à ce premier essai.

Saint-Etienne, le 10 janvier 1867.

Le rapporteur,
Signé : GEREST.

Le président de la Commission,
Signé : TROUSSEL.

PROJET DE TABLEAU DES CALIBRES ET DES CHARGES D'ÉPREUVE.

1er Classe. — Armes portatives.

TABLEAU A

1er CATÉGORIE. — PETITS CALIBRES.

SÉRIES	CALIBRES par millimètre	POUDRE Grammes	PLOMB N° 8 Grammes	POIDS TOTAL des balles d'épreuve réduites de 4 dixièmes de millimètre pour les calibres intermédiaires de charge nôte. Grammes
1	10,6 / 10,8 / 11,0 / 11,2 / 11,4	6	20	9
2	11,6 / 11,8 / 12,0 / 12,2 / 12,4	6,5	25	10
3	12,6 / 12,8 / 13,0 / 13,2 / 13,4	7	30	11
4	13,6 / 13,8 / 14,0 / 14,2 / 14,4	7,5	35	14
5	14,6 / 14,8 / 15,0 / 15,2 / 15,4	8,0	40	17

2e CATÉGORIE. — CALIBRES MOYENS.

SÉRIES	CALIBRES par millimètre	PLOMB Grammes	PLOMB N° 8 Grammes	POIDS TOTAL des balles d'épreuve réduites de 4 dixièmes de millimètre pour les calibres intermédiaires de charge nôte. Grammes
6	15,6 / 15,8 / 16,0 / 16,2 / 16,4	8,5	43	21
7	16,6 / 16,8 / 17,0 / 17,2 / 17,4	9	50	26
8	17,6 / 17,8 / 18,0 / 18,2 / 18,4	10	60	31
9	18,6 / 18,8 / 19,0 / 19,2 / 19,4	11	70	36
10	19,6 / 19,8 / 20,0 / 20,2 / 20,4	11,5	85	43

3e CATÉGORIE. — GROS CALIBRES.

SÉRIES	CALIBRES par millimètre	POUDRE Grammes	PLOMB N° 8 Grammes	POIDS SIMPLE des balles d'épreuve réduites de 4 dixièmes de millimètre pour les calibres intermédiaires de charge nôte. Grammes
11	20,6 / 20,8 / 21,0 / 21,2 / 21,4	14	100	50
12	21,6 / 21,8 / 22,0 / 22,2 / 22,4	15	120	58
13	22,6 / 22,8 / 23,0 / 23,2 / 23,4	18	140	66
14	23,6 / 23,8 / 24,0 / 24,2 / 24,4	20,5	165	76
15	24,6 / 24,8 / 25,0 / 25,2 / 25,4	23,0	190	86

NOTA. — Les pistolets n'étant point dans la pratique chargés avec du plomb mais avec une balle, et la presque totalité des pistolets, surtout ceux dont les calibres sont compris dans la première catégorie, ayant seulement une longueur moyenne de canon de 6 à 7 c. et n'étant point destinés, par conséquent, à recevoir de fortes charges, il convient d'appliquer aux pistolets, servant les calibres et dimensions, les charges d'épreuves suivantes:

Ceux dont les calibres sont compris dans la première catégorie, et dont la longueur des canons sera inférieure ou égale à 15 c., recevront la moitié de la charge de poudre proposée et la charge de plomb équivalente au poids moyen de la balle affectée à leur calibre.

Ceux dont la longueur de canon sera supérieure à 15 c. et ceux dont les calibres sont compris dans les autres catégories, recevront la charge de poudre proposée et une charge de plomb équivalente au poids moyen de la balle affectée à leur calibre.

PROJET DE TABLEAU DES CALIBRES ET DES CHARGES D'ÉPREUVE.

2me Classe. — Armes semi-portatives.

TABLEAU B

SÉRIES	CALIBRES	PROGRESS.	PROGRESSION de la charge par chaque millimètre de calibre.	PROGRESS.	PROGRESSION de la charge par chaque millimètre de calibre.	PLOMB N° 3	PROGRESSION de la charge par chaque millimètre de calibre.	COMPARAISON DU POIDS ET DU DIAMÈTRE DES BALLES.			OBSERVATIONS.
								DIAMÈTRE. Millimètr.	POIDS. Grammes.	NOMBRE de Balles au kilog.	
1	25,6 × 26,4 26,6 × 27,4 27,6 × 28,4 28,6 × 29,4 29,6 × 30,4	26 29 32 35 38	Progression par 3 gr.	220 250 280 310 340	Progression par 30 gr.			25,6 26,6 27,6 28,9 30,4	0,100 0,111 0,125 0,142 0,166	10 9 8 7 6	Le diamètre des balles est supposé égal au diamètre du calibre (dans la pratique, le diamètre des balles est diminué de 6 dixièmes). Dans le tableau A, qui comporte les calibres usuels, nous avons envisagé la question au point de vue pratique, et nous avons donné le poids des balles suivant leur diamètre réel.
2	30,6 × 31,4 31,6 × 32,4 32,6 × 33,4 33,6 × 34,4	42 46 50 54 58	Progression par 4 gr.	380 420 460 500 540	Progression par 40 gr.			32,3	0,200	5	
3	34,6 × 35,4 35,6 × 36,4 36,6 × 37,4 37,6 × 38,4 38,6 × 39,4 39,6 × 40,4	63 68 73 78 83	Progression par 5 gr.	590 640 690 740 790	Progression par 50 gr.			31,8 28,4	0,250 0,333	4 3	
4	40,6 × 41,4 41,6 × 42,4 42,6 × 43,4 43,6 × 44,4	90 97 104 111 118	Progression par 7 gr.	860 930 1000 1070 1140	Progression par 70 gr.			43,9	0,500	2	
5	45,6 × 46,4 46,6 × 47,4 47,6 × 48,4 48,6 × 49,4 49,6 × 50,4	127 136 145 154 163	Progression par 9 gr.	1220 1370 1410 1500 1590	Progression par 90 gr.						
6	50,6 × 51,4 51,6 × 52,4 52,6 × 53,4 53,6 × 54,4 54,6 × 55,4	174 185 196 207 218	Progression par 11 gr.	1700 1810 1920 2030 2140	Progression par 110 gr.			55,4	1,000	1	

Calibres au-dessous de 10mm.

SÉRIES	DIVISION.	PROGRESS.	PLOMB.	PLOMB.	OBSERVATIONS.
1	9mm à 10m,1		5 grammes.	20 grammes.	Les écarts entre les charges de plomb affectées aux calibres de la 5e classe (de 35m6 à 55m4) devenant trop brusques, il importe que la Commission de surveillance soit autorisée à fractionner ces quantités de plomb, pour les 3 premières séries, par 6, 8 et 10 grammes par chaque fraction de 2 dixièmes de millimètre du calibre, et pour les 3 dernières séries, par 14, 18 et 22 grammes par chaque fraction de 2 dixièmes de millimètre du calibre.
2	8,6 × 9,4	4	3	15	
3	7,6 × 8,4		2	15	
4	6,6 × 7,4		1	10	
5	5,6 × 6,4		»	10	

CONSIDÉRATIONS

SUR LES TABLEAUX PROPOSÉS POUR LES CHARGES D'ÉPREUVE

Le point de départ choisi pour la fixation des charges d'épreuve, est le calibre 17,4, reconnu comme le plus usuel, et pour lequel on a pu déterminer avec le plus de certitude la charge employée par le chasseur. Nous posons ce principe que les charges d'épreuve ne peuvent pas être établies proportionnellement aux divers calibres par un calcul, c'est-à-dire par un rapport de poids entre les charges de poudre et les charges de plomb, mais que leur fixation doit être le résultat d'une appréciation raisonnée et basée sur les charges usuelles employées par le chasseur.

D'un côté, nous pensons que les charges usuelles peuvent être établies par la contenance des douilles employées aux armes se chargeant par la culasse. Ce mode de chargement tendant à se généraliser, nous paraît offrir aujourd'hui aux chasseurs une base certaine pour les charges à employer dans les armes à baguette.

Nous croyons, en outre, que les charges d'épreuve qu'il serait convenable d'établir, autant pour répondre aux intérêts du commerce, que pour sauvegarder la sécurité du chasseur, doivent représenter le double de la charge maximum de poudre, et le maximum de la charge de plomb, employé par le chasseur,

Les vérifications faites sur la contenance des douilles de tous calibres usités jusqu'à ce jour, ont démontré que les charges d'épreuve proposées dépassaient cette proportion et qu'ainsi elles pouvaient être considérées, comme offrant toutes les garanties désirables pour la sécurité du consommateur, à la condition que les canons ne seraient point soumis après l'épreuve, à aucun travail de nature à altérer leur solidité.

Ainsi qu'on peut s'en convaincre, les charges proposées pour le calibre le plus usuel 17,4 et les calibres les plus voisins, représentent exactement, d'après les recherches les plus consciencieuses, le double de la charge maximum de poudre et le maximum de la charge de plomb employée par le chasseur; mais en dessus, comme en dessous de la série représentée par le calibre 17,4, les charges proposées et les charges de plomb particulièrement suivent une proportion qui ne paraît plus en rapport avec le diamètre du calibre.

Il est établi, en effet, que dans les séries de calibres en dessous de 17,4, le chasseur, dans l'emploi qu'il fait de son arme, ne diminue pas la charge proportionnellement au calibre du canon, c'est-à-dire que la décroissance de la charge usuelle dans les petits calibres ne se produit qu'insensiblement, tandis que dans la série des calibres en dessus de 17,4, il est constant que le chasseur est porté à exagérer les charges de plomb, et ne leur fait pas suivre la progression naturelle que le diamètre du canon semblerait indiquer. En un mot, dans les calibres en dessous de 17,4, la diminution de la charge usuelle est peu sensible et n'est pas proportionnelle au diamètre du canon; dans les calibres en dessus de 17,4, au contraire, les charges usuelles suivent une progression de plus en plus rapide.

On peut objecter au principe qui vient d'être développé qu'il y aurait un inconvénient à se reposer pour une législation qui doit être durable, sur une base qui peut varier avec le temps, en ce sens que s'il arrivait qu'un autre calibre (20ᵐ), par exemple, devint d'un emploi général, il se produirait ainsi un déplacement dans la fixation des charges établies, pour les calibres inférieurs à 20ᵐ.

Mais nous pouvons répondre à cette objection qu'il serait facile de parer à ce danger de caducité prochaine de la réglementation des charges d'épreuve, en rendant public et en obligeant les vendeurs d'armes en France à afficher, dans le lieu le plus apparent de leur établissement, un tableau indiquant les charges d'épreuve et les charges usuelles qui leur ont servi de base. Les consommateurs seraient ainsi renseignés sur le degré de garantie offert par l'épreuve des armes, et mis à l'abri des dangers que pourrait entraîner l'emploi de charges qui ne seraient pas en rapport avec les charges d'épreuve.

Il ne faut point, du reste, espérer qu'une législation sur cette matière puisse prévoir toutes les éventualités de l'avenir, et si les nécessités du commerce, les habitudes prises obligeaient tôt ou tard à des modifications, les Commissions de Surveillance des Bancs d'épreuve, dont les attributions consistent surtout à veiller aux garanties de l'épreuve, sauraient solliciter du gouvernement les modifications qu'une situation nouvelle aurait rendu nécessaires.

21 janvier 1867,

Le Rapporteur,

A. GEREST,

TABLEAU

du rapport existant entre les charges de poudre et les charges
de plomb proposées.

1re *Classe.*

	SÉRIES.	POUDRE.	PLOMB.	RAPPORT	
		Grammes.	Grammes.	de 1 à	p. °/o.
1re Catégorie.	1re	6	20	3,33	30,0
	2e	6,5	25	3,84	26,0
	3e	7	30	4,28	23,3
	4e	7,5	35	4,66	21,4
	5e	8	40	5,00	20,0
2e Catégorie.	6e	8,5	45	5,29	18,8
	7e	9	50	5,55	18,0
	8e	10	60	6,00	16,6
	9n	11	70	6,36	15,5
	10e	12,5	85	6,80	14,7
3e Catégorie.	11e	14	100	7,14	14,0
	12e	16	120	7,50	13,3
	13e	18	140	7,77	12,8
	14e	20,5	165	8,04	12,4
	15e	23	190	8,26	12,1

2me *Classe.* — Charges pour les calibres intermédiaires de chaque série.

SÉRIES.	CALIBRES.	POUDRE.	PLOMB.	RAPPORT	
		Grammes.	Grammes.	de 1 à	p. °/o.
Série 1.	27,6 à 28,4	32	280	8,75	11,4
Série 2.	32,0 » 33,4	50	460	9,20	10,8
Série 3.	37,6 » 38,4	73	690	9,41	10,5
Série 4.	42,6 » 43,4	104	1k000	9,61	10,4
Série 5.	47,6 » 48,4	145	1,410	9,72	10,3
Série 6.	52,6 » 53,4	196	1,920	9,79	10,2

TABLEAU COMPARATIF

des deuxièmes charges d'épreuve belges et des charges d'épreuve proposées pour les calibres intermédiaires de chaque série.

SÉRIES.		DIAMÈTRE en millimètres	CHARGES PROPOSÉES.		CHARGES BELGES.	
			POUDRE.	PLOMB Nᵒ 8	POUDRE.	BALLE.
			Grammes.	Grammes.	Grammes.	Grammes.
1ʳᵉ Catégorie. PETITS CALIBRES.	1ᵉ	11	6	20	»	»
	2ᵉ	12	6,5	25	»	»
	3ᵉ	13	7	30	»	»
	4ᵉ	14	7,5	35	6,0	14
	5ᵉ	15	8	40	7,5	17
2ᵉ Catégorie. CALIBRES MOYENS.	6ᵉ	16	8,5	45	9	20
	7ᵉ	17	9	50	11	25
	8ᵉ	18	10	60	13	30
	9ᵉ	19	11	70	15,5	35
	10ᵉ	20	12,5	85	18	42
3ᵉ Catégorie. GROS CALIBRES.	11ᵉ	21	14	100	21	48
	12ᵉ	22	16	120	24,5	55
	13ᵉ	23	18	140	28	64
	14ᵉ	24	20,5	165	32	74
	15ᵉ	25	23	190	38	86

Lettre de Son Excellence M. le Ministre de l'Agriculture, du Commerce, etc., à M. Troussel, président de la Commission.

Paris, 19 janvier 1867.

Monsieur, j'ai reçu votre lettre du 10 de ce mois par laquelle vous m'adressez le résultat des premiers essais faits par la Commission que vous présidez, concernant l'épreuve des armes à feu portatives. Je vous remercie de cette communication et je vous prie de faire hâter le plus possible l'achèvement des travaux de cette Commission.

Recevez,

Le Ministre,

Signé : Armand BÉHIC.

Lettre de M. le Préfet de la Loire à M. le Président de la Chambre de Commerce.

Saint-Etienne, le 18 janvier 1867.

MONSIEUR LE PRÉSIDENT,

J'ai l'honneur de vous adresser expédition d'un arrêté par lequel M. le Ministre de l'Agriculture, du Commerce et des Travaux publics a nommé MM. Murgue fils et Ronchard-Siauve, membres suppléants de la Commission instituée à Saint-Etienne, à l'effet de procéder à de nouvelles expériences sur les charges d'épreuve prescrites par le décret du 19 juin 1865.

Je vous prie de vouloir bien notifier cet arrêté à M. Troussel, président de la Commission.

Agréez, Monsieur,

Pour le Préfet de la Loire,

Le Secrétaire-Général, délégué,

Signé : DE ROCHEFORT.

Arrêté de Son Excellence M. le Ministre de l'Agriculture, du Commerce, etc.

Ministère de l'Agriculture, du Commerce et des Travaux publics.

ARRÊTÉ :

Le Ministre secrétaire d'Etat au département de l'Agriculture, du Commerce et des Travaux publics,

Vu l'arrêté ministériel du 30 juin 1865, qui a institué à Saint-Etienne une Commission, à l'effet de procéder à de nouvelles expériences sur les charges d'épreuve prescrites par le décret du 19 juin 1865,

Vu la proposition faite par cette Commission, arrête ce qui suit :

ARTICLE 1er.

MM. Murgue fils, syndic de l'épreuve, fabricant d'armes, et Ronchard-Siauve, maître-canonnier, sont nommés membres suppléants de ladite Commission.

ART. 2.

M. le Préfet de la Loire est chargé de l'exécution du présent arrêté.

Fait à Paris, le 10 janvier 1867.

Signé : Armand Béhic.

Pour ampliation :
Le Conseiller d'Etat, Secrétaire-Général,
Signé : De Boureuille.

Pour copie conforme :
Le Conseiller de Préfecture,
Signé :

Procès-verbal de la séance du 4 février 1867.

Etaient présents : MM. Troussel, président; Jalabert, Flachat, Murgue, Ronchard-Siauve, Gerest, rapporteur.

Il est donné lecture des correspondances échangées depuis la dernière réunion et des renseignements sur le tableau proposé pour les charges et calibres. La Commission, après avoir étudié ce projet de tableau, décide qu'il y a lieu de passer à l'exécution des prescriptions de l'article 12 du programme, en se basant sur les charges proposées.

Elle décide que les canons seront d'abord éprouvés avec des charges inférieures de deux grammes de poudre, à celles proposées, afin de s'assurer que les charges proposées ne sont pas plus fortes qu'il ne convient pour l'intérêt du commerce, et ensuite augmentées de gramme en gramme jusqu'à rupture des canons.

La Commission décide, en outre, que les essais auront lieu le jour même et continueront chaque jour jusqu'à ce que les prescriptions de l'article 12 du programme soient complétement remplies, c'est-à-dire jusqu'à la rupture de tous les canons soumis aux épreuves.

Quand aux prescriptions de l'article 11 relatives au maintien du principe de la double épreuve comme elle est usitée en Belgique et en Angleterre, la Commission, tout en se réservant de donner des explications plus étendues au moment de la rédaction du rapport final, déclare qu'elle considère la première épreuve comme impraticable à Saint-Etienne et inutile.

Il est, en effet, démontré par l'examen des canons fournis par le banc d'épreuve belge lui-même que cette première épreuve, quoique appliquée en Belgique, est complétement illusoire, puisqu'elle n'est constatée sur les canons assemblés par aucun poinçoin ; et que s'il reste encore sur certains canons quelque trace du poinçon qui a servi à la constater, cela n'est qu'accidentel et n'établit nullement que cette première épreuve soit obligatoire au point de vue de la sécurité publique. D'un autre côté, les prescriptions de l'article 12 stipulant l'achat exclusif pour les calibres usuels de canons assemblés et non de canons en tubes, sur lesquels il eut été nécessaire de faire des essais, si on avait dû établir des charges particulières aux canons en tubes, la Commission, vu ces divers motifs, décide qu'il y a lieu de s'en tenir aux essais prescrits par l'article 12.

TROUSSEL.

H. PALLUAT DE BESSET.

A. GEREST.

JALABERT aîné.

RONCHARD-SJAUVE.

MURGUE fils.

Essais sur la série E.

Art. 12 du programme.

TABLEAU DES DIMENSIONS DES CANONS SOUMIS A L'ÉPREUVE.

Canons doubles de Saint-Etienne ayant subi l'épreuve prescrite par le décret de 1810.

Nos DES CANONS.	CALIBRE.	LONGUEUR.	POIDS.	DIAMÈTRE EXTÉRIEUR			OBSERVATIONS.
				à la tranche DU TONNERRE.	à 2,5e de la tranche DU TONNERRE.	à la tranche DE LA BOUCHE.	
1	12^m,8	0^{m}80,5	1^k,313	21^{m}2	17^{m}6	15^{m}7	
2	12,8	79	1,318	21,7	17,5	16,0	
3	12,8	80	1,245	21,0	17,0	15,7	

RÉSULTATS DES ÉPREUVES.

POUDRE DE VONGES, PROCÉDÉ DES MEULES, TROIS HEURES DE TRITURATION.

Charge proposée : poudre, 7 grammes ; plomb n° 8, 30 grammes.

DATES. FÉVRIER.	ORDRE des SALVES.	CANON N° 1. DROIT.	CANON N° 1. GAUCHE.	CANON N° 2. DROIT.	CANON N° 2. GAUCHE.	CANON N° 3. DROIT.	CANON N° 3. GAUCHE.	PLOMB. Grammes.	POUDRE. Grammes.	OBSERVATIONS.
4	1	Néant.	Néant.	Néant.	Néant.	Néant.	Néant.	30	5	
»	2	»	»	»	»	»	»	»	6	
5	3	»	»	»	»	»	»	»	7 ch. prop.	
»	4	»	»	»	»	Crevé à 6 c. du tonnerre.	»	»	**8**	
»	5	»	»	•	»		»	»	9	
»	6	Fort gonflement à 8 c. du tonnerre.	Crevé au tonnerre sur 13 c. de longur.	Crevé au tonnerre sur 10 c. de longur.	Gonflement à 6 c. du tonnerre.		Crevé au tonnerre sur 3 c.	»	**10**	
6	7	Gonflement augmenté.			Fort gonflement à 6 c. du tonnerre.			»	**11**	
»	8				Augmentation du gonflement.			»	12	
»	9	Crevé au tonnerre sur 11 c. de longur.			Crevé au tonnerre sur 12 c.			»	**13**	

NOTA. — Les chiffres noirs indiquent les charges qui ont produit des ruptures.

TABLEAU DES DIMENSIONS DES CANONS SOUMIS A L'ÉPREUVE.

Canons doubles de Saint-Etienne ayant subi l'épreuve prescrite par le décret de 1810.

Nᵒˢ DES CANONS.	CALIBRE.	LONGUEUR.	POIDS.	DIAMÈTRE EXTÉRIEUR			OBSERVATIONS.
				à la tranche DU TONNERRE.	à 25ᵉ de la tranche DU TONNERRE.	à la tranche DE LA BOUCHE.	
4	14,1	78,5	1^{k}458	22^{m}2	18^{m}8	16^{m}6	
5	14,1	78,5	1,445	22,6	18,5	17,3	
6	14,1	78,5	1,423	22,5	18,6	17,3	

RÉSULTATS DES ÉPREUVES.

POUDRE DE VONGES, PROCÉDÉ DES MEULES, TROIS HEURES DE TRITURATION.

Charge proposée : poudre, 7 grammes 5; plomb n° 8, 35 grammes.

DATES. FÉVRIER.	ORDRE des SALVES.	CANON N° 4.		CANON N° 5.		CANON N° 6.		PLOMB Grammes.	POUDRE. Grammes.	OBSERVATIONS.
		DROIT.	GAUCHE.	DROIT.	GAUCHE.	DROIT.	GAUCHE.			
4	1	Néant.	Néant.	Crevé à 1 c. du tonnerre.	Néant.	Néant.	Néant.	35	5,5	
»	2	»	»		»	»	»	»	6,5	
5	3	»	»		»	»	»	»	7,5 éb. m.	
»	4	»	»		»	»	»	»	8,5	
»	5	»	»		»	»	»	»	9,5	
»	6	»	Léger gonflement à 6 c. du tonnerre.	Léger gonflement à 3 c. du tonnerre.	Léger gonflement à 3 c. du tonnerre.	Léger gonflement à 7 c. du tonnerre.	Gonflement à 7 c. du tonnerre.	»	10,5	
6	7	»	Crevé au tonnerre sur 6c de longueur.	Gonflem. augmenté.	Gonflem. augmenté.	Gonflem. augmenté.	Crevé à 3e c. de tonre sur 7 c. de longur.	»	11,5	
»	8	Faussé.			Crevé à 3e c. du tonre sur 7 c. de longur.	Gonflem. augmenté.		»	12,5	
»	9	Crevé au tonnerre sur 8c. de longueur			Crevé au tonnerre sur 14 c. de longur.	Crevé au tonnerre sur 14 c. de longur.		»	13,5	

TABLEAU DES DIMENSIONS DES CANONS SOUMIS A L'ÉPREUVE.

Canons doubles de Saint-Étienne ayant subi l'épreuve prescrite par le décret de 1810.

N^{os} DES CANONS.	CALIBRE.	LONGUEUR.	POIDS.	DIAMÈTRE EXTÉRIEUR			OBSERVATIONS.
				à la tranche DU TONNERRE.	à 25^c de la tranche DU TONNERRE.	à la tranche DE LA BOUCHE.	
7	15,1	79	1^k455	24^m8	19^m0	17^m5	
8	15,1	78	1,400	23,8	19,4	17,6	
9	15,1	78	1,373	23,9	19,4	17,5	

RÉSULTATS DES ÉPREUVES.

POUDRE DE VONGES, PROCÉDÉ DES MEULES, TROIS HEURES DE TRITURATION.

Charge proposée : poudre, 8 grammes; plomb n° 8, 40 grammes.

DATES. FÉVRIER.	ORDRE des SALVES.	CANON N° 7.		CANON N° 8.		CANON N° 9.		PLOMB. Grammes.	POUDRE. Grammes.	OBSERVATIONS.
		DROIT.	GAUCHE.	DROIT.	GAUCHE.	DROIT.	GAUCHE.			
4	1	Néant.	Néant.	Néant.	Néant.	Néant.	Néant.	40	6	
5	2	»	»	»	»	»	»	»	7	
5	3	»	»	»	»	»	»	»	8 ch. rép.	
»	4	»	»	»	»	»	»	»	9	
»	5	»	»	»	»	»	»	»	10	
»	6	Gonflement à 7e de la tranche du tonr.	»	»	»	»	Gonflement à 7 c. du tonnerre.	»	11	
6	7	Crevé au tonnerre sur 10 c. de longr.	Crevé au tonnerre sur 14 c. de longr.	»	»	Fort gonflement à 7 c. du tonnerre.	Gonflemt augmenté.	»	12	
»	8			»	Gonflement à 5 c. du tonnerre.	Gonflemt augmenté.	Gonflemt augmenté.	»	13	
»	9			Gonflement à 9e du tonnerre.	Gonflemt augmenté.	Crevé à 4e du tonre sur 9 c. de longr.	Crevé à 6 c. du tonnerre.	»	14	
7	10							»	15	
»	11			Crevé à 6e du tonr sur 5e de longueur.	Crevé à 6e du tonr sur 8 c. de longur.			•	16	

Art. 12 du programme.

TABLEAU DES DIMENSIONS DES CANONS SOUMIS A L'ÉPREUVE.

Canons doubles de Saint-Etienne ayant subi l'épreuve prescrite par le décret de 1810.

Nᵒˢ DES CANONS.	CALIBRE.	LONGUEUR.	POIDS.	DIAMÈTRE EXTÉRIEUR			OBSERVATIONS.
				à la tranche DU TONNERRE.	à 25ᵉ de la tranche DU TONNERRE.	à la tranche DE LA BOUCHE.	
10	16,1	77,5	1ᵏ415	25ᵐ0	20ᵐ0	18ᵐ4	
11	16,1	78	1,515	25,0	19,9	19,0	
12	16,1	77	1,550	24,9	20,2	18,6	

RÉSULTATS DES ÉPREUVES.

POUDRE DE VONGES, PROCÉDÉ DES MEULES, TROIS HEURES DE TRITURATION.

Charge proposée : poudre, 8 grammes 5 ; plomb n° 8, 45 grammes.

DATES. FÉVRIER.	ORDRE des salves.	CANON N° 10. DROIT.	GAUCHE.	CANON N° 11. DROIT.	GAUCHE.	CANON N° 12. DROIT.	GAUCHE.	PLOMB. Grammes.	POUDRE. Grammes.	OBSERVATIONS.
4	1	Néant.	Néant.	Néant.	Néant.	Néant.	Néant.	45	6,5	
»	2	»	Crevé au tonnerre sur 10 c. de longr.	»	»	»	»	»	7,5	
5	3	»	»	»	»	»	»	»	8,5 ch.p.	
»	4	»		»	»	»	»	»	9,5	
»	5	»		»	»	»	»	»	10,5	
»	6	»		»	»	»	»	»	11,5	
6	7	»		Crevé au tonnerre sur 7 c. de longr.	Gonflement à 5 c. du tonnerre.	»	»	»	12,5	
»	8	»		»	Gonflem.t augmenté.	Gonflement à 5 c. du tonnerre.	»	»	13,5	
»	9	»		»	Gonflem.t augmenté.	Gonflem.t augmenté.	»	»	14,5	
7	10	»		»	Gonflem.t augmenté.	Gonflem.t augmenté.	»	»	15,5	
»	11	Gonflement à 7 c. du tonnerre.		»	Crevé à 4 c. du tonnerre sur 10 c.	Crevé au tonnerre sur 11 c.	Crevé au tonnerre sur 11 c.	»	16,5	
»	12	Crevé au tonnerre sur 14 c. de longr.		»		»		»	17,5	

TABLEAU DES DIMENSIONS DES CANONS SOUMIS A L'ÉPREUVE.

Canons doubles de Saint-Etienne ayant subi l'épreuve prescrite par le décret de 1810.

Nᵒˢ DES CANONS.	CALIBRES.	LONGUEUR.	POIDS.	DIAMÈTRE EXTÉRIEUR			OBSERVATIONS.
				à la tranche DU TONNERRE.	à 25ᵉ de la tranche DU TONNERRE.	à la tranche DE LA BOUCHE.	
13	18,2	81,0	1,907	27,7	23	20,9	
14	18,2	80,5	1,907	27,7	22	21,0	
15	18,2	81,0	1,977	27,5	22	21,0	

RÉSULTATS DES ÉPREUVES.

POUDRE DE VONGES, PROCÉDÉ DES MEULES, TROIS HEURES DE TRITURATION.

Charge proposée : poudre, 10 grammes ; plomb n° 8, 60 grammes.

DATES. FÉVRIER.	ORDRE des SALVES.	CANON N° 13. DROIT.	GAUCHE.	CANON N° 14. DROIT.	GAUCHE.	CANON N° 15. DROIT.	GAUCHE.	PLOMB. Grammes.	POUDRE. Grammes.	OBSERVATIONS.
4	1	Néant.	Néant.	Néant.	Néant.	Néant.	Paille à 7 c. du tonnerre.	60	8	
»	2	»	»	»	»	»	»	»	9	
5	3	»	»	»	»	»	»	»	10 ch. prop.	
»	4	»	»	»	Crevé au tonnerre sur 10 c. de longur.	Crevé au tonnerre sur 10 c. de longur.	»	»	11	
»	5	»	»	»			»	»	12	
»	6	»	»	»			»	»	13	
6	7	»	»	»				»	14	
»	8	Gonflement à 5 c. du tonnerre.	»	»			Gonflement à 5 c. du tonnerre.	»	15	
»	9	Même état.	Crevé au tonnerre sur 14 c. de longur.	Gonflement à 8 c. du tonnerre.			Crevé au tonnerre sur 10 c. de longur.	»	16	
7	10	Gonflemt augmenté. Fortement faussé.		Gonflemt augmenté jusqu'à 10 c. du tonr.				»	17	
»	11	Même état.		Même état.				»	18	
»	12	Nouveau gonflemt à 9 c. du tonnerre.		Gonflemt augmenté.				»	19	
»	13	Crevé au tonnerre sur 15 c. de longur.		Crevé au tonnerre sur 13 c. de longur.				»	20	

TABLEAU DES DIMENSIONS DES CANONS SOUMIS A L'ÉPREUVE.

Canons simples de Saint-Étienne ayant subi l'épreuve prescrite par le décret de 1810.

Nos DES CANONS.	CALIBRES.	LONGUEUR.	POIDS.	DIAMÈTRE EXTÉRIEUR			OBSERVATIONS.
				à la tranche du tonnerre.	à l'endroit marqué du tourillon.	à la tranche de la bouche.	
16	20	90	1.865	39	37	25,5	
17	20	92	1.860	28,3	37,1	24,9	
18	20	87,5	1.837	28,4	37	24,3	

RÉSULTATS DES ÉPREUVES.

POUDRE DE VONGES, PROCÉDÉ DES MEULES, TROIS HEURES DE TRITURATION.

Charge proposée : poudre, 12 grammes 5 ; plomb n° 8, 85 grammes.

DATES. FÉVRIER.	ORDRE des SALVES.	CANON N° 16.	CANON N° 17.	CANON N° 18.	PLOMB. Grammes.	POUDRE. Grammes.	OBSERVATIONS.
4	1	Néant.	Néant.	Néant.	85	10,5	
	0	»	»	»	»	11,5	
5	2	»	»	»	»	12,5 gr	
	3						
	4					13,5	
	5					14,5	
	6					15,5	
	7					16,5	
	8					17,5	
	9					18,5	
	10					19,5	
	11					20,5	
	12					21,5	
	13					22,5	
	14					23,5	
	15	Reporté à 30 c. de la bouche. Fraisé.	Reporté à 30 c. de la bouche. Augmenté.	Reporté à 30 c. de la bouche.		24,5	
	16		Fortement fraisé. Même état.	Fraisé. Même état.		25,5	
	17					26,5	
	18	Fraisé.				27,5	De 27 gr. 5 à 31 gr. 5, les effets des charges restant stationnaires, on a dû augmenter à chaque salve, la charge de 2 et 1 gr.
	19					28,5	
	20					29,5	
	21					30,5	
	22		Crevé au mouvement sur 20 c. de long.			31,5	
	23	En faveur de l'état en plus.		Crevé au mouvement sur 25 c. de longueur.		33,5	Pour le canon n° 16, les charges ont été continuées pendant deux salves, avec la même augmentation de 2 g., mais ce canon, d'une résistance exceptionnelle, pouvant mener trop loin sans donner de résultat nouveau, la charge a été poussée de 43,5 à 47,5, charge à laquelle il s'est rompu.
	24					35,5	
	25					37,5	
	26	Reporté au point du tourillon d'un 1/2 mill. de diamètre.				39,5	
	27					41,5	
	28	Crevé à 13 c. de la bouche.				43,5	
	29					47,5	

TABLEAU DES DIMENSIONS DES CANONS SOUMIS A L'ÉPREUVE.

Canons simples de Saint-Étienne ayant subi l'épreuve prescrite par le décret de 1810.

Nos DES CANONS.	CALIBRES.	LONGUEUR.	POIDS.	DIAMÈTRE EXTÉRIEUR			OBSERVATIONS.
				à la tranche du tonnerre.	à 1°/2 la branche du tonnerre.	à la branche de la bouche.	
19	24	91	2.060	40	30,7	27,5	
20	24	92	2.235	41	31	28,5	
21	24	92	2.095	42	31	29	

RÉSULTATS DES ÉPREUVES.

POUDRES DE VOSGES, PROCÉDÉ DES MIXTES, TROIS MESURES DE TRITURATION.

Charge proposée : poudre, 20 grammes 5; plomb n° 8, 185 grammes.

DATES. FÉVRIER.	ORDRE des SALVES.	CANON N° 19.	CANON N° 20.	CANON N° 21.	PLOMB. Grammes.	POUDRE. Grammes.	OBSERVATIONS.
4	1	Néant.	Néant.	Néant.	165	18,5	
à	2	»	»	»	»	19,5	
5	3	»	»	»	»	20,5&c.	
	4						
	5					21,5	
	6					22,5	
	7					23,5	
	8					21,5	
	9	Gravé au tonnerre à 0° de long.		Coupé au tonnerre à 0° de long.		25,5	
	10					26,5	
	11					27,5	
	12		Gonflent à 3° du tonⁿ.			28,5	
	13		Gonflent augmenté.			29,5	
	14		Augmentation progressive du gonflement.			30,5	
	16					31,5	
	17					32,5	
	18		Fortement fendu, lequel à 32° du tonnerre.			33,5	
	19					34,5	
	20					35,5	
	21					36,5	
	22		Se fausse de plus en plus.			37,5	
	23					39,5	
	24					41,5	
	25					43,5	
	26	Gravé au tonnerre à 0° de long.		Gravé au tonnerre à 0° de long.		45,5	
	27					47,5	
						49,5	

L'augmentation successive de poudre
1 gr. pour la charge de poudre
n'amenant pas d'effet décelé sur
le canon n° 20, la charge de
poudre à côté, comme pour la série
précédente, augmentée de 2 en
2 gr., à partir de la 13e salve.

Les visiteurs,
E. CHALFYER,
RONCHARD-SAUVE.

Vu et approuvé par les membres de la Commission :

TROUSSET.
A. GORSET.
H. PALLIAT DE BESSET.
RONCHARD-SAUVE.
MLINGUS. fils.

TABLEAU de la proportion p. %, des rebuts suivant les calibres des canons.

SÉRIE II.

CALIBRE des CANONS.	EN DESSOUS de la CHARGE PROPOSÉE.	NOMBRE DE CHARGES en dessous de la charge proposée.	A LA CHARGE PROPOSÉE.	EN DESSUS de la CHARGE PROPOSÉE.	NOMBRE DE CHARGES en dessus de la charge proposée.	OBSERVATIONS.
12,8				16,6	à 1 grammes.	Les altérations nouvelles ou augmentées sont considérées et comptées comme des rebuts nouveaux.
12,8				40	à 2 »	
12,8				100	à 3 »	La proportion des rebuts est calculée sur le nombre de tubes soumis à chaque salve, ainsi, par exemple, les canons calib. à 18,2 ont donné, 2 rebuts (éclatés) sur 6 tubes, à la charge de 1 gramme de poudre ou dessus de celle proposée, soit 33 p. %, tandis qu'à la charge suivante, ils n'ont donné que 25 p. % de rebuts, soit 1 sur les 4 tubes restant.
12,8				100	à 4 »	
14,1	16,6	à 2 grammes.		40	à 3 grammes.	
14,1				80	à 4 »	
14,1				75	à 5 »	
14,1				100	à 6 »	
15,1				33,3	à 3 grammes.	
15,1				66,5	à 4 »	
15,1				75	à 5 »	
15,1				100	à 6 »	
15,1				100	à 7 »	
16,1			16,6	20	à 4 grammes.	
16,1				50	à 5 »	
16,1				50	à 6 »	
16,1				50	à 7 »	
16,1				100	à 8 »	
16,1				100	à 9 »	
18,2				33,3	à 4 grammes.	
18,2				25	à 5 »	
18,2				50	à 6 »	
18,2				33,3	à 7 »	
18,2				100	à 8 »	
18,2				100	à 9 »	
18,2				100	à 10 »	
20				100	De 13 à 17 gr.	
20				100	à 33 »	
21				33,3	à 7 grammes.	
21				100	à 9 »	
24				100	De 9 à 29 gr.	

TABLEAU DE LA PROPORTION DE REBUTS P. °/₀

Suivant l'augmentation des charges de poudre.

SÉRIE E.

Nᵒˢ des COUPS DONNANT des REBUTS.	CALIBRES.	TUBES ÉPROUVÉS.	TUBES ÉCLATÉS.	NOMBRE DE REBUTS.	REBUTS p. °/₀ et MOYENNE.	GRAMMES DE POUDRE, en dehors de la charge proposée.
En dessous de la charge proposée.						
5	14,1	6		1	16,6 } 16,5	2
15	18,2	6	Néant.	1	16,6 }	2
Néant.	De 12,8 à 24	35		Néant.		1
À la charge proposée.						
10	16,1	6	1	1	16,6	16,6	
En dessus de la charge proposée.						
3	12,8	6	2	1	16,6 } 24,9	1
15	18,2	6		2	33,3 }	
Néant.	De 12,8 à 24	31	Néant.	Néant.		2

	CALIBRES.	TUBES ÉPROUVÉS.	TUBES ÉCLATÉS.	NOMBRE DE REBUTS.	REBUTS p. °/₀ et MOYENNE.	GRAMMES
2	12,8	5		2	40 }	
3	12,8	5	1	2	40 } 37,7	3
6	15,1	6		2	33,3 }	
7	15,1	4	2	4	100 }	
1	12,8	5	1	4	80 }	
4	14,1	6		4	66,6 } 58,3	4
5	14,1	5	2	1	20 }	
7	15,1	4	1	2	25 }	
11	18,2	2		2	100 }	
1	12,8	4		3	75 }	
4	14,1	4		3	75 } 70	5
5	15,1	4	1	2	50 }	
8	16,1	4	2	2	50 }	
9	16,1	2		2	100 }	
11	18,2	3	3	3	100 }	
13	12,8	3		3	75 } 91,6	6
1	14,1	4	2	2	50 }	
4	14,1	3		1	33,3 }	
5	15,1					
6	15,1					
8	16,1					
9	16,1					
11	18,2					
13	18,2					
14						

La suite à la page suivante.

SUITE DU TABLEAU.

Nos des CANONS DOUBLES ET BUTES.	CALIBRES.	TUBES ÉPROUVÉS.	TUBES ÉCLATÉS.	NOMBRE DE REBUTS.	REBUTS p. % et MOYENNE.		GRAMMES DE POUDRE en dessus de la cha ge proposée.
8	15,1	2		2	100		
11	16,1	4		2	50	70,7	7
12	16,1	2		2	100		
13	18,2						
14	18,2						
19 C. simple.	24	3	1	1	33,3		
8	15,1	2	2	2	100	100	8
11	16,1	4	3	4	100		
12	16,1	1	1	1	100		
10	16,1	2		2	100		
13	18,2				100	100	9
20 C. simple.	24	2	1	2	100		
21 »	24						
13	18,2	2	2	2	100	100	10
14	18,2	1		1	100		
20 C. simple.	24						
17 C. simple.	20	3	2	3	100	100	de 13 à 27
18 »	20	1	1	1	100	100	29
21 »	24	1	1	1	100	100	33
16 »	20						

TABLEAU des rebuts p. % sur le nombre total des canons soumis aux épreuves.

SÉRIE E.

TUBES ÉPROUVÉS.	TUBES ÉCLATÉS.	NOMBRE DES REBUTS.	REBUTS p. %.	GRAMMES DE POUDRE en dehors de la charge proposée.
En dessous de la charge proposée.				
36	1	2	5,5	2
A la charge proposée.				
35	1	1	2,8	Voir le projet de tableau des calibres et des charges.
En dessus de la charge proposée.				
34	3	3	8,8	1
31	1	6	19,3	3
30	6	14	46	4
24	2	12	50	5
22	8	10	49	6
14	1	7	50	7
13	5	6	46	8
8	2	4	50	9
6	2	3	50	10
4	2	4	100	de 13 à 27
2	1	2	100	29
1	1	1	100	33

Procès-verbal de la séance du 18 février 1866

Étaient présents : MM. Troussel, président ; Flachat, Ronchard-Siauve, Gerest, rapporteur.

M. Gerest donne lecture du rapport qui doit être transmis à Son Excellence M. le Ministre du Commerce, de l'Agriculture et des Travaux publics, et dont copie est jointe au procès-verbal.

M. Gerest rappelle le désir exprimé par M. Jalabert, membre de la Commission, de voir adopter pour les épreuves des culasses avec trous de lumière forés et des bourres en liége ; mais la Commission n'est point d'avis qu'il soit donné suite à ces propositions, vu les difficultés d'application.

La Commission avait fait convoquer MM. les syndics de l'épreuve et MM. Javelle-Magand fils, Massardier Poula, et Canonier-Bufferne, maîtres-canonniers. M. Badinand, syndic, et M. Canonier-Bufferne, seuls assistaient à la séance.

TROUSSEL.

A. GEREST.

RONCHARD-SIAUVE.

J.-M. FLACHAT fils aîné.

MURGUE fils.

RAPPORT DE LA COMMISSION

à Son Excellence M. le Ministre du Commerce, etc.

———

MONSIEUR LE MINISTRE,

La Commission instituée à Saint-Etienne, par décision de Votre Excellence, dans le but de faire de nouvelles expériences sur les épreuves des armes à feu portatives, a rempli complètement aujourd'hui les prescriptions de son programme et vient soumettre à votre haute appréciation l'exposé de ses travaux.

La Commission a tenu sa première séance le 11 octobre 1866, c'est-à-dire aussitôt après la nomination de son président, M. Troussel, directeur du banc d'épreuve.

Après avoir pris connaissance du programme qui lui était adressé, la Commission décida qu'elle devait d'abord se procurer, en Belgique, les canons et les divers objets nécessaires aux expériences et mentionnés à l'article 3 du programme.

Afin de faire ces achats dans des conditions convenables, la Commission avait eu la pensée d'envoyer à Liège un de ses membres avec la mission d'acheter, au banc d'épreuve même, et pour ainsi dire à l'improviste, les canons dont on avait besoin. On pouvait supposer, en effet, que les négociants belges, par leurs rapports fréquents avec notre pays, connaissaient déjà et le décret de 1865 et les réclamations que son application avaient suscitées parmi les industriels de notre ville. Il était, dès lors, à craindre que les commerçants auxquels on s'adresserait, connaissant le but des travaux de la Commission, et poussés par un intérêt bien naturel ou par des considérations d'amour-propre bien excusables, pourraient ne pas exécuter les fournitures dans les conditions indispensables de sincérité que le programme imposait et livrer des canons bien supérieurs en qualité et en résistance à ceux qu'on voulait se procurer.

Mais pour faire les achats au Banc d'épreuve même, il eut fallu être certain d'y trouver de suite la quantité de canons nécessaire avec les conditions de calibre, de poids et de longueur fixées par le programme. La Commission jugeait cela difficile et prévoyait la nécessité d'en venir à une commande spéciale.

Dans cette situation, la présence d'un délégué à Liège perdait toute son opportunité. D'un autre côté, la Commission espérait obtenir le concours du représentant du gouvernement français à Liège, M. Chapey, vice-consul de France.

La Commission avait pu apprécier, par des rapports sur l'industrie liégeoise, transmis récemment par votre département, à la Chambre de commerce, qui les lui avait communiqués, les connaissances spéciales que M. Chapey possédait sur la matière et les services qu'elle pouvait en attendre.

M. Chapey se mit en effet à la disposition de la Commission avec le plus louable empressement, et lui prêta le concours le plus éclairé.

Ainsi que la Commission l'avait prévu, il ne fut point possible de trouver au banc d'épreuve de Liège les canons nécessaires aux expériences, et force fut de les commander. Ces canons et les divers objets indiqués par le programme, commandés dans le courant d'octobre, ne parvinrent à la Commission que le 15 décembre 1866. Aussitôt après leur réception, la Commission les fit visiter avec soin, et cet examen démontra que les craintes qu'elle avait conçues n'é-

taient point chimériques. Ces canons, en effet, étaient bien
mieux établis que les canons de fabrication courante que l'on
trouve habituellement dans le commerce, et il était permis
de penser que leur résistance étant probablement en rapport
avec leur bonne fabrication, les résultats des épreuves com-
paratives auxquelles ils allaient être soumis pourraient n'être
pas favorables aux intérêts du commerce stéphanois ; mais,
d'un autre côté, les garanties réclamées par la sécurité publique pouvaient y gagner, et, dominée par cette idée, la
Commission n'hésita pas à faire usage de ces canons pour les
expériences auxquelles elle allait se livrer.

Toutefois, il était nécessaire autant qu'équitable de tenir
compte dans les procès-verbaux d'expériences de la qualité
particulière de ces canons, et la Commission, pour mieux
assurer sa conviction, fit acheter discrètement, à Liége, de
nouveaux canons de qualité tout à fait courante. Elle eut
ainsi de nouveaux types qui lui permirent de constater avec
exactitude la supériorité réelle de canons qui allaient être
soumis aux épreuves.

La Commission a déjà eu l'honneur d'adresser à Votre
Excellence, à la date du 10 janvier dernier, copie des résultats fournis par les épreuves auxquelles ces canons ont été
soumis, en exécution des articles 6, 7, 8 et 9 du programme;
mais elle croit nécessaire de les reproduire ici de nouveau,
en les accompagnant des considérations auxquelles ces résultats ont donné lieu :

RÉSULTATS DES ÉPREUVES

prescrites par les art. 6, 7, 8, 9 du programme.

Série A. — Art. 6.

Canons doubles belges ayant subi l'épreuve règlementaire belge et soumis à l'épreuve prescrite par le décret du 14 décembre 1810 :

Nombre de tubes éprouvés.	Tubes éclatés.	Nombre de rebuts.	Rebuts pour %.
10	1	8	80

Canons simples belges ayant subi l'épreuve règlementaire belge et soumis à l'épreuve prescrite par le décret du 14 décembre 1810 :

Nombre de tubes éprouvés.	Tubes éclatés.	Nombre de rebuts.	Rebuts pour %.
5	1	3	60

Canons doubles de Saint-Etienne ayant subi l'épreuve prescrite par le décret du 14 décembre 1810 et soumis à l'épreuve prescrite par le règlement belge du 16 juin 1853 :

Nombre de tubes éprouvés.	Tubes éclatés.	Nombre de rebuts.	Rebuts pour %.
10	NÉANT.	NÉANT.	NÉANT.

Canons simples de Saint-Etienne ayant subi l'épreuve prescrite par le décret du 14 décembre 1810 et soumis à l'épreuve prescrite par le règlement belge du 16 juin 1853 :

Nombre de tubes éprouvés.	Tubes éclatés.	Nombre de rebuts.	Rebuts pour %.
5	NÉANT.	NÉANT.	NÉANT.

Série B. — Art. 7. du programme.

1re épreuve. — Charges pour calibre 16m.

Canons simples belges ayant subi l'épreuve règlementaire belge et soumis à l'épreuve prescrite par le décret impérial du 19 juin 1865 :

Nombre de tubes éprouvés.	Nombre de rebuts.	Rebuts pour %.
5	1	20

2me épreuve. — Charges pour calibre 16a1.

Canons simples belges :

Nombre de tubes éprouvés.	Nombre de rebuts.	Rebuts pour %.
5	3	60

Canons simples de Saint-Etienne ayant subi l'épreuve prescrite par le décret du 14 décembre 1810 et soumis à l'épreuve prescrite par le règlement belge du 19 juin 1853 :

Nombre de tubes éprouvés.	Nombre de rebuts.	Rebuts pour %.
5	1	20

Série C. — Art. 8. du programme.

Canons simples belges destinés à faire des canons doubles, ayant subi la première épreuve belge et soumis à la première épreuve prescrite par le décret impérial du 19 juin 1865 :

Nombre de tubes éprouvés.	Tubes éclatés.	Nombre de rebuts.	Rebuts pour %.
10	1	8	80

Canons simples de Saint-Etienne destinés à faire des canons doubles, ayant subi l'épreuve prescrite par le décret du 14 décembre 1810 et soumis à la première épreuve prescrite par le règlement belge du 16 juin 1853 :

Nombre de tubes éprouvés.	Tubes éclatés.	Nombre de rebuts.	Rebuts pour %.
10	NÉANT.	2	20

Série D. — Art. 9. du programme.

Canons doubles belges ayant subi la première épreuve règlementaire belge et la première épreuve prescrite par le décret impérial du 19 juin 1865, assemblés à Saint-Etienne, et soumis à la deuxième épreuve prescrite par le décret impérial du 19 juin 1865 :

Nombre de tubes éprouvés.	Tubes éclatés.	Nombre de rebuts.	Rebuts pour %.
10	1	5	50

Canons doubles de Saint-Etienne ayant subi l'épreuve prescrite pour les canons simples par le décret du 14 décembre 1810 et la première épreuve règlementaire belge, assemblés et soumis à la deuxième épreuve prescrite par le règlement belge du 16 juin 1853 :

Nombre de tubes éprouvés.	Tubes éclatés.	Nombre de rebuts.	Rebuts pour %.
10	NÉANT.	1	10

Les expériences sur les séries A B C D étant terminées, la Commission devait nécessairement rechercher et établir les conséquences qu'il convenait d'en tirer, et cette recherche l'amena aux conclusions suivantes.

Les canons doubles belges de la série A, éprouvés à Liége avant l'assemblage, avec une charge de 18 gr. de poudre et une balle, et après l'assemblage avec une charge de 13 gr. de poudre et une balle, ont donné 80 p. 0/0 de rebuts lorsqu'ils ont été soumis à l'épreuve prescrite par le décret de 1810 (soit 20 gr. de poudre et une balle), tandis que les canons doubles de Saint-Etienne, *de mêmes dimensions,* soumis à l'épreuve belge, n'ont donné aucun rebut.

Ces résultats démontrent évidemment :

1° Que les charges prescrites par le décret de 1810, pour le canon assemblé, sont bien supérieures aux charges pres-

crites dans le même cas par le règlement belge du 16 juin
1853 ;

2° Que le bénéfice de la première épreuve disparaît à la
suite des opérations de l'assemblage, puisque les deux épreuves successives appliquées à Liége aux canons belges n'équi-
valent pas comme garantie à l'épreuve unique pratiquée sur
les canons de Saint-Etienne.

Les canons simples belge de la même série (A) ont donné
60 0/0 au lieu de 80 ; ce résultat avait été prévu par la
Commission, qui ne pensait même pas que la proportion des
rebuts pût atteindre ce chiffre, car d'un côté les canons
simples ont une résistance particulière bien supérieure à la
résistance des canons assemblés, et d'un autre côté les charges prescrites par le règlement belge pour les canons simples sont bien plus fortes que les charges appliquées aux
canons assemblés de même nature et se rapprochent, par
conséquent, davantage des charges prescrites par le décret
de 1810.

En effet, les canons assemblés du calibre 16^m ne subissent
en Belgique qu'une épreuve de 9 gr. de poudre, tandis que
les canons simples du même calibre subissent une épreuve
de 13 gr. de poudre.

De même que les canons doubles, les canons simples de
Saint-Etienne appartenant à la même série et soumis à l'é-
preuve belge n'ont donné aucun rebut.

Quant aux canons simples belges de la série B, les résultats accusent 30 et 60 p. 0/0 de rebuts pour les deux épreuves auxquelles il a fallu les soumettre pour avoir des résultats
comparatifs certains.

Il importait, en effet, de comparer les effets produits sur
les canons belges de même calibre par les charges du décret
de 1810 et par celles du décret de 1865.

Or, parmi les canons de la série A, les uns avaient le
calibre 16^m, les autres le calibre 16^{m}2. Les charges qu'il

eût fallu appliquer dans ce cas, pour se conformer au décret de 1810, eussent été de 18 grammes de poudre pour ceux du calibre 16ᵐ2, et de 17 gr. de poudre pour ceux de 16ᵐ.

Mais la Commission admit que dans des armes aussi communes le diamètre de 16ᵐ2 pourrait n'être pas extrêmement exact dans toute la longueur du canon, que l'application de trois charges différentes pour cinq tubes amènerait, en outre, une complication de résultats peut-être inutile, et elle résolut de charger ces canons comme s'ils avaient tous eu 16ᵐ seulement. Mais, lorsqu'il fallut charger les canons de la série B, suivant les charges prescrites par le décret de 1865, une autre difficulté se présentait.

En effet, suivant le tableau C, annexé au décret, les charges sont pour le calibre 16ᵐ1 de 9 gr. 6 de poudre, et pour le calibre 15,6 de 8 gr. 4 de poudre. Ces canons, étant considérés comme ayant exactement le calibre 16ᵐ, ne devaient recevoir que 8 gr. 4 de poudre, charge affectée au calibre de 15,6 à 16ᵐ, et ils furent, en effet, chargés une première fois ainsi.

Mais la Commission réfléchit que, si on faisait subir à ces canons la charge appliquée par le décret de 1865 au calibre 15,6, quoiqu'ils eussent 16ᵐ, il eût été juste de ne faire subir à ceux de la série A que l'épreuve prescrite aussi par le décret de 1810 pour le calibre 15,6, qui n'est plus que de 16 gr. de poudre au lieu de 17 gr., charge du calibre 16ᵐ.

En résumé, les canons de la série A ayant été éprouvés avec la charge supérieure à celle prescrite par le décret de 1810 pour le calibre 15,6, il fallait également appliquer aux canons de la série B la charge supérieure à celle prescrite par le décret de 1865 pour le calibre de 15ᵐ6.

La dernière épreuve pratiquée dans ces conditions donna 60 p. 0/0 de rebuts, et amena la Commission à penser que les charges prescrites pour ce calibre par le décret de 1865 étaient évidemment trop fortes, et qu'appliquées à nos armes il en résulterait nécessairement une proportion de rebuts qui rendrait toute concurrence impossible avec les produits belges de même nature.

Les canons simples de Saint-Etienne de cette série, soumis à l'épreuve belge, donnèrent 1 rebut sur les 5 tubes éprouvés, mais ce canon fut rebuté pour un défaut de peu d'importance, et la Commission ne pense pas que ce résultat minime puisse infirmer les résultats précédents.

Relativement aux canons en tubes belges de la série C, la Commission doit constater également que la charge d'épreuve prescrite par le décret de 1865, pour les canons de ce calibre, est d'une application dangereuse pour les intérêts de notre commerce d'arquebuserie,

Les canons de Saint-Etienne appartenant à la même série, soumis à l'épreuve belge, ont donné 2 rebuts sur 10 tubes. Nous renouvellerons à cet égard l'observation faite précédemment : que les charges belges pour les canons simples (ou pour les canons non encore assemblés) sont presque égales aux charges prescrites par le décret de 1810, et qu'il n'est pas surprenant que ces canons, quoique ayant tous résisté sans altération aux charges supérieures prescrites par le décret de 1810, aient donné des rebuts lorsqu'on les a soumis à une deuxième charge inférieure à la première.

Il est, en effet, constant que les charges trop violentes, comme celles prescrites par le décret de 1810, énervent parfois la matière au point d'amener des ruptures ou des altérations plus ou moins graves à une charge moins forte. Ce fait est, du reste, établi par les armes de guerre, qui sont assujetties à deux épreuves successives, l'une de 27 gram., l'autre de 22. Certains canons résistent parfaitement à la charge de 27 gr. et s'altèrent à la charge de 22 gr.

Dans tous les cas, le défaut de proportion dans le nombre des rebuts de chacune des catégories de la série C démontre surabondamment l'exagération des charges prescrites par le décret de 1865.

La série D mérite une attention spéciale : les canons belges qui composent la première partie de cette série ont été obtenus au moyen de l'assemblage des tubes qui faisaient partie de la série C. Soumis en cet état à la deuxième épreuve prescrite par le décret de 1865, ils ont donné 50 p. % de rebuts, mais il est à remarquer qu'aucun des défauts qui s'étaient produits sur ces mêmes canons avant l'assemblage n'a reparu, et que les défauts constatés sur les canons assemblés sont de toute autre nature et d'une autre gravité que ceux qui avaient apparu sur les canons en tubes. Ne résulte-t-il pas de ce fait que la première épreuve n'offre aucune garantie sans la deuxième, et qu'elle n'a sa raison d'être qu'à un point de vue purement économique, en ce sens qu'elle permet de rejeter tout d'abord les tubes qui seraient absolument mauvais ; en cet état, il est certain que cette première épreuve serait très onéreuse pour nos canonniers placés déjà dans des conditions si défavorables pour la production à bon marché, puisqu'elle aurait pour résultat de faire rejeter un certain nombre de canons qui peuvent être très bons à la deuxième épreuve ou qui sont alors rejetés pour des défauts dûs à des causes nouvelles. Cette expérience démontre, dans tous les cas, que l'épreuve prescrite pour les canons assemblés de ce calibre, par le décret de 1865, dépasse la limite convenable et doit être réduite à des proportions plus en rapport avec les exigences du commerce.

La Commission aurait pu rechercher, en outre, sur cette série, les effets de la première charge prescrite par le décret de 1865, pour le cas où les canonniers ne se soumettraient pas à la double épreuve, et cette double épreuve étant établie par le décret à titre facultatif, il était permis de

penser que les canonniers, à cause des entraves et des frais
inhérents à ce mode de procéder, ne s'y soumettraient
jamais, préférant exposer leurs canons aux efforts de la première charge. Mais les résultats obtenus avec l'emploi de la
deuxième charge étant assez significatifs, la Commission
résolut de s'en tenir à ce seul essai.

Quant aux canons de Saint-Etienne de la même série, ils
n'ont donné qu'un rebut sur 10 tubes, ce qui représente à
peu près la proportion ordinaire.

Il convient d'examiner maintenant quel est le rapport qui
existe entre les charges prescrites par les décrets de 1810 et
1865 appliquées aux canons belges dans ces divers essais.

Les résultats comparatifs de ces charges sont ainsi
établis :

Série A. — Canons doubles belges, cal. 17,4; charge
suivant le décret de 1810; rebuts p. % 80

Série D. — Canons doubles belges assemblés à Saint-
Etienne, cal. 17,4; charge suivant le décret
de 1865; rebuts p. % 50

Série A. — Canons simples belges, cal. 16m; charge
suivant le décret de 1810; rebuts p. % 60

Série B. — Canons simples belges, cal. 16; charge
suivant le décret de 1865 pour le cal. 16,1;
rebuts p. % 60

Ces chiffres semblent indiquer :

1° Que les charges prescrites par le décret de 1810,
appliquées aux canons doubles de la série A, sont supérieures, par les effets produits, aux charges prescrites par
le décret de 1865, appliquées aux canons de même calibre
de la série D;

2° Que les charges prescrites par le décret de 1810,
appliquées aux canons simples de la série A, sont égales,

7

par les effets produits, aux charges prescrites par le décret de 1865 et appliquées aux canons simples de la série B.

Sur le premier point, la Commission doit faire observer que les canons doubles de la série A avaient été éprouvés préalablement en Belgique avec des charges d'épreuve relativement très faibles, qui avaient pu ébranler jusqu'à un certain point les molécules de la matière, mais, toutefois, sans amener de rebuts ; que ces mêmes canons, soumis alors à une troisième épreuve relativement très forte, ont pu, par suite de ces diverses causes, donner au dernier moment une proportion de rebuts plus considérable que si les canons eussent été, pour ainsi dire, épurés par une épreuve préalable plus violente.

Quant à ceux de la série D, qui n'ont donné que 50 p. % de rebuts, il importe de faire remarquer, au contraire, que ces canons avaient déjà subi, avant l'assemblage, l'épreuve très forte prescrite par le décret de 1865 ; que cette épreuve avait eu pour effet soit d'éliminer les tubes dont la résistance n'était pas suffisante, soit d'obliger à des réparations sur les altérations produites qui rendaient ces canons exempts de tous défauts pour la salve suivante.

D'un autre côté, les charges prescrites par le décret de 1810 *sont aussi fortes* pour le canon en tube que pour le canon assemblé, tandis que les charges prescrites par le décret de 1865 *sont plus fortes* pour le canon en tube que pour le canon assemblé, et que c'est l'effet de ces derniers seulement qui est constaté sur les canons de la série D.

Du reste, ainsi que nous l'avons fait remarquer déjà, la double épreuve prescrite par le décret de 1865 étant facultative, la Commission aurait pu rechercher l'effet de la première charge (obligatoire lorsqu'il n'est pratiqué qu'une seule épreuve), et cette charge aurait sans doute amené une proportion de rebuts au moins égale à celle produite par les charges de 1810.

En fin de compte et sans rechercher davantage si les charges de 1865 sont supérieures, égales ou inférieures aux charges de 1810, il ressort nécessairement, des résultats obtenus, que ni les unes ni les autres de ces charges ne peuvent être comparées aux charges belges, et qu'il y a lieu de les modifier pour satisfaire aux intérêts légitimes du commerce d'arquebuserie.

A la suite de ces considérations sur les résultats des expériences ordonnées par les art. 6, 7, 8, 9, 10 du programme, la Commission devait passer à l'exécution des prescriptions contenues dans les art. 11, 12 et suivants, en vertu desquelles elle était chargée de proposer, à défaut de résultats satisfaisants sur les premiers essais, les charges d'épreuve qu'elle jugerait convenable d'appliquer pour garantir la sécurité du consommateur et sauvegarder les intérêts du commerce.

Mais avant de se livrer à ce travail, la Commission se trouvait dans la nécessité de discuter tout d'abord le système de la double épreuve dont le maintien était posé en principe par l'art. 11.

Elle était, en effet, convaincue, et ses observations précédentes l'ont déjà démontré sans doute, que la première épreuve était sans valeur et complètement nulle, au point de vue de la garantie à offrir à la sécurité publique.

On peut l'affirmer, cette première épreuve appliquée sur des tubes encore grossiers et complètement dénaturés par les opérations de l'assemblage, du brasage et de l'achevage, ne constate rien sans l'épreuve définitive qui constate tout.

Cette première épreuve, il est vrai, est adoptée par le commerce belge, qui ne manque pas de s'en prévaloir et qui ne craint pas de démontrer, en additionnant les deux charges de la première et de la deuxième épreuve, que les canons du cal. 17,4, par exemple, supportent 30 grammes de poudre (18 et 12), tandis que les canons français ne supportent que 20 grammes.

Mais cette épreuve, telle qu'elle est appliquée en Belgique, ne répond en aucune façon à la garantie que réclame la sécurité publique; car pour satisfaire à un intérêt aussi précieux, il serait nécessaire que le poinçon qui a servi à constater cette épreuve subsistat après l'assemblage des tubes, et si les canons assemblés ne portent aucun indice de cette épreuve, comment constater qu'elle a été subie, et en quoi est-elle obligatoire?

Or, les canons qui nous ont été adressés par l'intermédiaire et par les soins du banc d'épreuve de Liége, et sous la surveillance de notre Consul, ne portent point, pour la plupart, l'empreinte de ce poinçon, d'autres en ont conservé comme par hasard des traces imperceptibles, et ce fait nous démontre surabondamment le peu de valeur que les Belges attachent eux-mêmes à la prétendue garantie de cette première épreuve.

Toutefois, si le poinçon n'existe plus sur le canon assemblé, il est certain cependant qu'il en est autrement pour les canons en tubes, et que cette première épreuve est rigoureusement et généralement appliquée. C'est que cette première épreuve est une conséquence forcée de la division du travail établie à Liége, dans la fabrication du canon.

En effet, les canonniers belges, en général, fabriquent exclusivement des tubes que le fabricant d'armes achète et fait assembler ensuite à son gré.

Dans ces conditions, il est naturel, il est nécessaire que le fabricant impose au canonnier cette première épreuve, et il est bien certain que dans les cas semblables qui se présenteront à Saint-Étienne, le fabricant exigera lui-même la première épreuve, si le règlement ne l'a pas établie. La Commission pense donc que cette première épreuve, rendue obligatoire et appliquée d'une manière générale, est incompatible avec les procédés de fabrication et les intérêts du commerce stéphanois. Mais qu'il est bon de l'établir pour les cas exceptionnels où, comme à Liége, le fabricant fera lui-même assembler les tubes qu'il aurait achetés au canonnier.

Placée au milieu de nos industriels et constamment préoccupée, dès le début de ses travaux, d'étudier leurs besoins dans une question aussi importante pour l'avenir de leur industrie, la Commission ose espérer, Monsieur le Ministre, que Votre Excellence voudra bien se pénétrer des raisons qu'elle s'est efforcée de faire prévaloir, pour détruire, en thèse générale, le principe de la double épreuve.

La Commission reste, en effet, bien convaincue que cette prescription, maintenue dans l'esprit du programme, entraînerait les conséquences les plus défavorables.

La question la plus importante, celle de la fixation de charges d'épreuves convenables pour les armes de chasse ou de luxe, reste maintenant à résoudre.

Pour y arriver, la Commission se trouve dans la nécessité d'exposer avant tout quel doit être à son point de vue le *principe constitutif de l'épreuve*.

Dans son opinion, la charge d'épreuve qu'il conviendrait d'appliquer, pour sauvegarder à la fois les intérêts du commerce et la sécurité du chasseur doit être telle, qu'elle représente pour tous les calibres le *double de la charge maximum de poudre et le maximum de la charge de plomb* employée par le chasseur. En effet, il est misper d'admettre que le chasseur, dans l'emploi qu'il fait de son arme, peut bien introduire par inattention deux charges de poudre dans le même canon, mais il n'est plus aussi facile d'admettre qu'il puisse introduire en même temps deux charges de plomb. La charge de poudre n'occupe jamais dans le canon qu'un faible emplacement, mais la charge de plomb s'élève relativement à une hauteur considérable, et on ne peut pas supposer que le chasseur pousse l'imprudence ou l'inattention jusqu'à placer deux charges de plomb dans le même tube, parce qu'alors l'élévation de la baguette en dehors du canon au moment du chargement doit l'avertir de sa méprise. Dans tous les cas, nous ne pensons pas que les charges d'épreuve puissent être établies de façon à donner de pareilles garanties (1).

Le décret de 1865 a du reste prévu le cas où des garanties supérieures seraient réclamées par certains consommateurs. et a établi une catégorie d'épreuve spéciale qui peut donner satisfaction à toutes les exigences.

Mais tout en admettant ce principe que la charge d'épreuve doit représenter le double de la charge maximum de poudre et le maximum de la charge de plomb employée par le chasseur, il fallait nécessairement rechercher quelle pouvait être, pour tous les calibres, cette charge pratique employée par le chasseur.

Or, il avait semblé à la Commission que ces charges ne pouvaient être établies sur des données à peu près certaines que par la contenance des douilles de tous calibres employées jusqu'à ce jour pour les armes se chargeant par la culasse, et dont les diamètres varient aujourd'hui du calibre de 10 mill. au calibre de 32 mill. D'un autre côté, il était permis de penser que la vulgarité de ce mode de chargement avait eu déjà pour effet de renseigner d'une manière à peu près générale le consommateur sur la mesure de la charge qu'il convenait d'appliquer même aux armes à baguettes.

A ce point de vue, la Commission pouvait considérer au moins comme charges usuelles les charges contenues dans les cartouches des divers calibres.

(1) Nous ne parlons ici que des fusils à baguette, car les fusils se chargeant par la culasse, et dont l'emploi se généralise de plus en plus, dispensent de toute crainte à cet égard.

Mais il était surtout nécessaire, pour arriver à la réalisation du plan que la Commission avait conçu, d'établir d'une manière certaine non-seulement la charge usuelle, mais encore la charge maximum employée par le chasseur pour le calibre, de tous le plus répandu, le calibre 17,4, car si la contenance des douilles lui donnait pour la plupart des calibres la mesure des charges usuelles en dessous desquelles il ne fallait point se placer, elle ne donnait pas la mesure de la charge maximum qu'il était convenable d'atteindre.

Du reste, il n'était point assez certain que les chargements méthodiques employés pour les armes à cartouche qui pouvaient, comme nous l'avons dit, donner la mesure des charges convenables pour les autres armes, fussent adoptés aujourd'hui d'une manière assez générale pour qu'on put s'en tenir exclusivement à cette appréciation. Il était au contraire.établi par les données de l'expérience que, dans la pratique, les charges appliquées dans les armes à baguette à tous les calibres autres que 17^{m}4 n'étaient point en rapport ni avec le diamètre du canon, ni avec la charge du calibre 17,4 établie pour ainsi dire comme point de départ. C'est-à-dire qu'il résultait des recherches les plus consciencieuses et de l'opinion la plus accréditée que, dans la catégorie des armes de petit calibre placée en dessous du calibre 17,4, le chasseur ne fait point subir à la charge employée la diminution progressive que le calibre en se rétrécissant de plus en plus semble indiquer, qu'au contraire, dans les calibres au-dessus de 17,4, le chasseur est porté à exagérer sa charge dans des proportions qui deviennent considérables au fur et à mesure de l'augmentation du diamètre du canon.

Il devenait donc nécessaire, pour établir des charges d'épreuve rationnelles et basées sur les charges employées par le chasseur de le suivre dans son appréciation, et établir

d'abord une charge certaine et convenable pour le calibre
17,4, représenté pour ainsi dire comme un point de centre,
et de proportionner ensuite les charges pour les autres calibres aux charges que le chasseur pouvait lui même employer.

Mais avant de se livrer à ces recherches, il fallait pour
ainsi dire préparer le terrain, passer en revue la délimitation actuelle des calibres et examiner si les graduations établies jusqu'à ce jour permettrait bien d'arriver à une fixation
convenable pour les charges d'épreuve.

Il faut convenir que la délimitation de nos calibres établie
par le décret de 1810, et conservée en partie par le décret
de 1865, n'est plus en rapport ni avec les besoins de notre
commerce, ni avec les progrès de notre époque. Il est
résulté en effet de cette délimitation des écarts très-irrégu-
liers d'un calibre à l'autre, à tel point que les deux calibres
extrêmes les plus voisins, *deux et quatre* (balle de 500 gr.
et de 250 gr.) ont entre eux une différence de diamètre de
9ᵐ4 dixièmes, tandis que les 25 calibres compris entre le
calibre 100 et 50 ne sont séparés le premier du dernier
que par un intervalle de 3 mill., et n'ont entre eux que des
différences inappréciables. Ce défaut de régularité dans la
graduation des calibres est d'autant plus préjudiciable au
commerce, que la Belgique, dont les produits sont répandus
aujourd'hui partout, a adopté depuis longtemps un système
de division des calibres pour fractions de deux dixièmes de
millimètres, et qu'il importe, afin d'éviter toute confusion,
que le système belge, qui a donné jusqu'à ce jour des résultats satisfaisants, soit appliqué aux armes françaises ; qu'en
un mot, l'unité de mesure des calibres soit établie dans les
deux pays.

Il était indispensable de démontrer cette nécessité de la
division des calibres par fractions de deux dixièmes de millimètres et de l'établir ensuite ainsi pour arriver à l'appli-

cation du principe qui a servi à fixer les charges pour tous les calibres, en les basant sur le point de départ, la charge propre au calibre 17,4. Mais encore il convenait que cette division des calibres par deux dixièmes de millimètres fut établie suivant une certaine règle et dans un ordre qui permit la classsification si longtemps oubliée des divers calibres suivant leur diamètre. Rien n'est en effet plus vague aujourd'hui que les désignations génériques de petits calibres, calibres moyens, gros calibres auxquels l'esprit ne fournit aucun terme de comparaison, et il était nécessaire de fixer par des catégories bien tranchées l'opinion quelquefois bien fausse qu'on se fait du diamètre des canons.

La Commission a donc jugé convenable d'établir, dans les armes de commerce, la classification suivante :

1re **Classe, armes portatives.**

2e **Classe, armes semi-portatives.**

La classe des armes portatives commence au plus petit et se termine par le plus gros des calibres usuels ; elle forme ainsi trois catégories :

1re Catégorie, petits calibres.

2e   id.   calibres moyens.

3e   id.   gros calibres.

Chacune de ces catégories représente cinq millimètres ou cinq séries composées chacune d'un millimètre ou de cinq fractions de deux dixièmes de millimètre, représentant cinq calibres.

En sorte que la première catégorie se compose de cinq séries de petits calibres ; la deuxième catégorie, de cinq séries de calibres moyens ; et la troisième catégorie, de cinq séries de gros calibre ; et que les calibres intermédiaires de chaque série sont pour :

La 1re, 11, 12, 13, 14, 15 millim.

La 2e, 16, 17, 18, 19, 20   »

La 3e, 21, 22, 23, 24, 25   »

Quant à la deuxième classe, armes semi-portatives, elle représente tous les calibres compris entre le calibre 25 mill. 4 et le calibre 55 mill. 4.

Il a paru nécessaire à la Commission de pousser la fixation des calibres jusqu'au diamètre de 55 mill. 4, qui représente le calibre de la balle de 1 kilog., et pour ainsi dire l'unité qui sert de point de séparation entre les armes semi-portatives de commerce et les armes d'affut. Il se fait parfois, mais très-rarement, il est vrai, des armes d'un calibre énorme, et il est, du reste, bon de prévoir, par un tableau complet des charges et calibres, toutes les éventualités de l'avenir.

La classe des armes semi-portatives forme six séries composées chacune de cinq millimètres de calibres, et partant ainsi du calibre 25 mill. 4 au calibre 55 mill. 4.

Le projet de tableau joint au présent rapport indique du reste, d'un seul coup-d'œil, l'ordre établi dans la délimitation des calibres et l'avantage de cette division mieux que ne saurait le faire toutes les explications.

Ce principe de la division des calibres dans l'ordre, et suivant le mode qui vient d'être indiqué étant admis, il importe d'examiner quelle est la charge d'épreuve que la Commission jugeait convenable d'appliquer au calibre 17,4, et par quelle suite d'appréciations elle est arrivée à déterminer les charges convenables pour les calibres en dessus comme en dessous de 17,4.

La Commission s'était arrêtée, pour le calibre 17,4, à la charge de 9 grammes de poudre et 50 grammes de plomb, les considérations les plus sérieuses l'y portaient,

En effet, basée sur la contenance des cartouches, elle donnait, en réduisant de moitié la charge de poudre, un maximum acceptable; cette charge était du reste considérée, par les syndics de l'épreuve et les principaux fabricants, comme représentant réellement le maximum de charge employé par le chasseur; d'un autre côté, cette charge avait été présentée par le commerce, et, à la suite de diverses expériences, comme représentant par les effets produits la charge correspondante du décret de 1810. Dans tous les cas, la valeur de cette charge allait être constatée par les expériences prescrites par l'art. 12 du programme, et, comme on le verra plus tard en acceptant cette charge comme point de départ et en l'appliquant au calibre 17,4, la Commission ne se trompait pas.

Il convient maintenant d'exposer, d'un côté, les faits qui se produisent dans la pratique pour le chargement des armes de tous calibres, et de faire connaître ensuite les rapports qui existent suivant les différents calibres entre la résistance des canons et leur diamètre.

L'expérience et les renseignements les plus dignes de foi établissent, comme nous l'avons indiqué déjà :

1° Que dans les calibres en dessous de 17,4, les charges dans la pratique ne diminuent qu'insensiblement et ne suivent pas le rétrécissement progressif du calibre ;

2° Que dans les mêmes calibres la résistance du canon ne diminue pas avec le diamètre du canon, c'est-à-dire qu'elle se maintient à peu près égale du calibre 17,4 par exemple au calibre 16,4, du calibre 16,4 au calibre 15,4, etc.;

3° Que dans les calibres au-dessus de 17,4, le chasseur, au lieu de proportionner la charge au diamètre du canon, est porté à l'exagérer et *particulièrement la charge de plomb*, au fur et à mesure de l'augmentation du calibre de l'arme ;

4° Enfin que, contrairement à ce qui se passe dans les petits calibres, la résistance des canons au-dessus du calibre 17,4, n'augmente pas en raison de leur calibre, mais tendrait plutôt à diminuer en raison inverse du diamètre, par cette raison que, dans les armes qui sont considérées comme portatives, l'épaisseur des parois du canon mise en rapport avec le diamètre augmenterait leur poids au point de les rendre impropres à un commode usage.

En s'appuyant sur ces faits la Commission appréciait :

1° Que dans les canons du calibre en dessous de 17,4, la charge de poudre et plomb devait décroître pour chaque série de calibre de la plus petite quantité de poudre et de plomb qui pouvait être donnée d'une manière à peu près exacte par la menturation des charges au moyen de chargettes graduées, soit 5 décig. pour la poudre, 5 gr. pour le plomb ;

2° Que dans les calibres en dessus de 17,4, la charge devait être progressive, mais que pour ne pas devenir trop tôt exagérée et rester en rapport avec les résistances des canons, il convenait de faire augmenter les charges :

Pour la poudre de 1 gr. et pour le plomb de 10 gr. par millimètre de calibre pour les deux premières séries ;

Pour la poudre de 1 gr. 5 et pour le plomb de 15 gr. par millimètre de calibre pour les deux séries suivantes ;

Pour la poudre de 2 gr. et pour le plomb de 20 gr. par millimètre de calibre pour les deux autres ;

Pour la poudre de 2 gr. 5 et pour le plomb do 25 gr. pour les deux dernières.

Enfin, que dans la catégorie des armes semi-portatives pour lesquelles la résistance redevient en rapport avec le diamètre, la charge augmenterait de 3 gr. poudre, 30 gr. de plomb par millimètre de calibre pour la 1ʳᵉ série ; 4 gr. de poudre, 40 gr. de plomb par millimètre de calibre pour la 2ᵉ série ; 5 gr. de poudre, 50 gr. de plomb par millimètre de calibre pour la 3ᵉ série ; qu'ensuite, et pour mieux marquer la progression nécessaire, la charge augmenterait, pour la 4ᵉ série, de 7 gr. de poudre, 70 gr. de plomb ; pour la 5ᵉ série, de 9 gr. de poudre, 90 gr. de plomb ; pour la 6ᵉ série, 11 gr. de poudre, 110 gr. de plomb.

La Commission ayant ainsi établi les charges d'épreuve qui lui paraissaient en rapport, soit avec la résistance des canons, soit avec les charges employées par le chasseur, il convient de faire ressortir les coïncidences qu'elles présentent et qui démontrent la convenance de leurs proportions.

1° Pour tous les calibres de la 1ʳᵉ et 2ᵉ classe, depuis 11 mil. jusqu'à 55 mill., les charges de plomb proposées représentent un peu plus que le double du poids de la balle affectée au calibre de chaque canon, excepté, toutefois, pour la catégorie intermédiaire des calibres moyens dont les charges de poudre n'arrivent qu'à 2 gr. près au double du poids de la balle, en vertu de ce principe que les charges des calibres moyens doivent être considérées comme des charges normales, et que ce n'est qu'en dessus et en dessous de ces charges que la progression de la quantité de plomb doit s'accentuer de plus en plus.

2° L'augmentation du poids de la poudre représente pour *toutes les charges* le 10ᵉ de l'augmentation du poids du plomb.

3° Toutes les charges proposées (diminuées de moitié sous le rapport de la poudre) représentent au-delà le maximum de charge qui peut être contenu dans les douilles de tous les calibres en usage jusqu'à ce jour.

Il restait à la Commission à justifier les charges proposées au moyen des expériences ordonnées par l'art. 12 du programme, et les résultats obtenus par ces expériences semblent justifier pleinement ses propositions.

En effet, les canons soumis aux épreuves forment 7 catégories, savoir :

3 Canons du calibre 12,8
3 » » 14,1
3 » » 15,1
3 » » 16,1
3 » » 18,2
3 Canons simples du calibre 20
3 » » » 24.

Tous ces canons avaient subi l'épreuve prescrite par le décret de 1810.

Afin de s'assurer que les charges proposées ne dépassaient pas la proportion convenable, ces canons furent éprouvés d'abord avec des charges inférieures de 2 gr. aux charges proposées, puis augmentées de gramme en gramme jusqu'à la rupture de tous les tubes, conformément aux prescriptions du programme.

On voit, par le tableau joint au présent rapport, que les diverses séries de canons soumises à l'épreuve ont donné les résultats suivants :

Canons du calibre 14,1 : 16 p. $°/_0$ de rebuts, à 2 gr. en-dessous de la charge proposée ;

Canons du calibre 16,1 : 16 p. $°/_0$ de rebuts, à la charge proposée ;

Canons du calibre 12,8 : 16 p. $°/_0$ de rebuts à 1 gr. en dessus de la charge proposée ;

Canons du calibre 18,2 : 23 p. $°/_0$ de rebuts à 1 gr. en dessus de la charge proposée ;

Canons du calibre 15,1 : 33 p. $°/_0$ de rebuts à 3 g. en dessus de la charge proposée.

Nous ferons observer que les chiffres de proportion de rebuts p. $°/_0$ ne doivent pas être envisagés d'une manière absolue à cause du petit nombre de canons sur lesquels porte le calcul, mais en ne considérant que les chiffres des rebuts en eux-mêmes, on est porté à établir :

1° Que les charges proposées pour la série des calibres 14,1 et 16,1 paraissent plus fortes qu'il ne convient, puisqu'elles sont supérieures pour les effets produits aux charges correspondantes du décret de 1810 (1) ;

(1) La Commission avait établi, au début de son rapport, que les charges de 1810 étaient trop fortes pour les intérêts du commerce, et qu'il y avait lieu de proposer de nouvelles charges qui fussent plus en rapport avec les charges usitées en Belgique. Cependant, elle a été

2° Que les charges proposées pour les calibres 12,8 et 18,2 sont exactement les charges convenables, puisque les altérations ne se sont produites qu'à 1 gramme en dessus de la charge proposée, et qu'ainsi elles offrent autant de garantie que les charges prescrites par le décret de 1810 ;

3° Que les charges pour le calibre 15,1 seulement paraissent, d'après les effets produits, plus faibles qu'il ne conviendrait, puisque les altérations ne se sont produites qu'à 3 gr. en dessus de la charge proposée.

Mais il importe de considérer :

1° Que si les charges pour les calibres 14,1 à 16,1 paraissent un peu fortes, ces charges ne sont cependant point hors de proportion de la résistance ordinaire des canons de ce calibre, qu'elles sont, du reste, justifiées par ce qui suit, et qu'ainsi il y a lieu de les adopter ;

2° Que les charges proposées pour le calibre 15,1 sont également convenables ; en effet, ce calibre tient le milieu entre les calibres 14,1 et 16,1, et si les charges proposées pour ces deux derniers calibres étaient trop fortes, ainsi que les résultats obtenus semblent l'indiquer, il n'est pas possible d'admettre que la charge proposée pour le calibre 15,1 soit trop faible puisqu'elle s'écarte dans une mesure exacte 5 gr., poudre et 5 gr. plomb de la charge de chacun des calibres 14,1 et 16,1.

En résumé, il résulte particulièrement, des effets produits par les charges appliquées au calibre 18,2, la justification de la charge de 9 gr. poudre et 50 gr. plomb, proposée pour le calibre 17,4. Il est évidemment certain que si la charge de 10 gr. poudre et 60 gr. plomb n'est que juste la

amenée à proposer des charges qui, d'après les expériences faites, paraissent aussi fortes que les charges de 1810, qui leur correspondent, parce qu'il lui a paru que ces charges étaient absolument nécessaires pour sauvegarder la sécurité publique.

charge qui convient au calibre 18,2, cette charge ne pourrait pas être appliquée au calibre 17,4, et que la moindre diminution dans la charge qu'il soit possible d'admettre à cause de la différence de diamètre qui sépare ces deux calibres est 1 gr. de poudre et 10 gr de plomb, ce qui nous ramène à la charge proposée, soit 9 gr. poudre, 50 gr. plomb.

Quant aux effets produits sur les canons simples que nous n'avons pas encore examinés, la Commission doit déclarer que la résistance extraordinaire des canons simples, en général, s'oppose à toute comparaison dans les résultats des épreuves, et elle demeure convaincue que si ces charges eussent été appliquées à des canons doubles de même calibre, elle eut obtenu des résultats conformes à ceux fournis par les autres essais, et que, du reste, la conformité des rapports existant entre ces charges et les charges proposées pour les autres calibres l'autorise à admettre que ces charges sont, comme les précédentes, en parfait accord avec les garanties qu'on est en droit d'attendre de l'épreuve.

En terminant son rapport, la Commission doit déclarer que l'emploi des bourres calibrées en feutre rencontre dans l'application des difficultés de toute nature.

Ces bourres n'ont que peu d'adhérence aux parois du canon, et il résulte de la pression exercée par le plomb qu'elles se déplacent facilement, laissant ainsi le plomb s'échapper en partie. D'un autre côté, le choix des bourres suivant les calibres et la difficulté de leur introduction dans le canon obligent à des précautions qui nuisent à la rapidité nécessaire du service. Le papier qu'on emploie aujourd'hui en forme de bourre se prête au contraire très-bien à cette opération, et la commission pense qu'il y aurait lieu d'en conserver l'usage.

La Commission espère avoir rempli les conditions de son programme suivant les vues de Votre Excellence. Toutefois, elle se met tout entière aujourd'hui encore à votre disposition, si de nouvelles explications ou de nouveaux essais devenaient nécessaires pour arriver à la solution si impatiemment attendue de l'importante question qu'elle a été appelée à étudier.

Le Président de la Commission,

TROUSSEL.

Le rapporteur,

A. GEREST.

JALABERT aîné.

RONCHARD-SIAUVE.

MURGUE fils.

FLACHAT fils aîné.

ERRATA :

Page 11, au dernier chiffre de la 1re colonne, lisez 14,0 au lieu de 41,0.

Page 47, au lieu de : *Série A. — Art.* 7, lisez : *Série A. — Art.* 6.

Page 80, à la dernière colonne :

au lieu de
$\left\{ \begin{array}{l} \text{à 1 gr.} \\ \text{à 2 »} \\ \text{à 3 »} \\ \text{à 4 »} \end{array} \right\}$
lisez
$\left\{ \begin{array}{l} \text{à 1 gr.} \\ \text{à 3 »} \\ \text{à 4 »} \\ \text{à 5 »} \end{array} \right.$

8